Best tips ever!

VOR ORT
FLEUR VAN DE PUT

STADT
VALENCIA

JOB & TÄTIGKEITEN
BESITZERIN FITIN VALENCIA

Man sieht sie häufig auf dem Rad in der Stadt. Ob alleine oder in der Gruppe, Fleur liebt Radtouren. Sport ist neben der Liebe zur Stadt ihre zweite große Leidenschaft. 2008 zog sie nach Valencia und weiß mittlerweile alles über die hippsten Clubs und die schönsten Läden. Ihr Lieblingsort in Valencia ist der Túria-Park.

PRAKTISCHE INFOS

Mit den fünf Touren aus diesem Guide kannst du die schönsten Viertel der Stadt in deinem eigenen Tempo zu Fuß entdecken. Die Touren führen entlang von Museen und Sehenswürdigkeiten, zeigen dir aber vor allem auch, wo du gut essen, trinken, shoppen, genießen und Schönes erleben kannst. Auf der Übersichtskarte vorn im Guide kannst du sehen, durch welche Stadtteile die Strecken verlaufen.

Jede Tour wird am Anfang des jeweiligen Kapitels auf einem detaillierten Plan gezeigt. Auf diesem Plan sind auch alle Adressen aufgeführt. An der Farbe der Kreise kannst du erkennen, um was für eine Adresse es sich handelt (siehe Legende unten auf dieser Seite). Weiter im Kapitel wird jede Adresse immer ausführlich beschrieben. Ohne ausführlichen Besuch dieser Adressen dauert jede Route maximal drei Stunden. Die Entfernung in Kilometern findest du oben in der Streckenbeschreibung.

PREISE

Um dir eine Vorstellung von den Preisen in Restaurants zu geben, findest du bei diesen Adressen immer auch Preisangaben. Wenn nicht anders angegeben, handelt es sich um den Durchschnittspreis für ein Hauptgericht. Bei den Eintrittspreisen für Sehenswürdigkeiten handelt es sich um reguläre Preise; mögliche Ermäßigungen werden nicht aufgeführt.

GUT ZU WISSEN

Valencia hat eine eigene Sprache, Valencianisch. Diese Regionalsprache wird nicht viel gesprochen, kann aber manchmal bei der Suche nach einer Adresse verwirrend sein. Die meisten Straßennamen werden auf Spanisch und Valencia-

LEGENDE

- >> SEHENSWÜRDIGKEITEN
- >> ESSEN & TRINKEN
- >> SHOPPEN
- >> FREIZEITTIPPS

VALENCIA

nisch angegeben. Die Adressen in diesem Guide sind auf Spanisch angeführt. Der spanische Lebensrhythmus unterscheidet sich ziemlich von dem, was wir Nordeuropäer gewohnt sind. Die Geschäfte in Valencia sind im Allgemeinen zwischen 10.00 und 14.00 Uhr geöffnet. Dann schließen sie für die *Siesta* und öffnen erneut von 17.00 bis ungefähr 20.00 Uhr. Immer mehr Läden sind jedoch ganztags geöffnet, vor allem in Nachbarschaft der großen Warenhäuser wie El Corte Inglés. Diese haben häufig sogar sonntags geöffnet. *Rebajas* ist der Schlussverkauf und findet zweimal jährlich statt: ab 7. Januar und Ende Juni.

SPANISCHE ESSGEWOHNHEITEN

Das Mittagessen ist in Spanien die wichtigste Mahlzeit des Tags. Die meisten Restaurants sind daher am frühen Nachmittag und abends geöffnet. Mittags zwischen 14.00 und 16.00 Uhr wird warm gegessen. Die Restaurants servieren dann häufig preiswerte Drei-Gänge-Menüs, das *menú del día*. Abends öffnen sie erst gegen 20.30 Uhr. Die Schließzeiten sind häufig nicht festgelegt, aber die Küche schließt um Mitternacht. Tipp: Reservieren ist immer empfehlenswert, besonders am Wochenende. Essen ist für Spanier ein wichtiger Bestandteil ihres Lebens, für den man sich auch ausführlich Zeit nimmt. Die Anzahl der Restaurants der Stadt lässt sich daher auch gar nicht in einen einzigen Guide aufnehmen und die Qualität der Speisen ist in der Regel immer gut. Was nicht fehlen darf, sind Tapas. Wenn sich am Nachmittag der Heißhunger meldet, besucht man eine Terrasse oder steht an der Bar, bestellt ein Getränk und wählt dazu ein paar Tapas aus.

FESTE UND VERANSTALTUNGEN

Las Fallas ist das größte, spektakulärste Straßenfest Europas. Im 18. Jahrhundert hat es mit Zimmerleuten begonnen, die alte Kerzengestelle zu Ehren ihres Schutzheiligen San José verbrannten. Ab Anfang März bis zum 19. des Monats findet um 14.00 Uhr ein ohrenbetäubendes Feuerwerksspektakel am Rathaus statt. Höhepunkt dieses Fests sind die Holzpuppen, *ninots*, die an nahezu allen Plätzen anzutreffen sind. Die meisten Puppen sind kirchturmhoch und einige kosten über 200 000 Euro. Meist sind es Karikaturen, die Polizei, Sportler und andere Berühmtheiten darstellen. Zum Abschluss der Feierlichkeiten werden all diese fantastischen Puppen entzündet. Mehr erfährst du unter www.fallasfrom valencia.com. Besuch das Museo Fallero (Route 3), wenn du noch mehr über die Geschichte dieses besonderen Fests erfahren möchtest.

Bei La Tomatina fliegen dir die Tomaten buchstäblich um die Ohren. Dieses Festival findet Ende August in Buñol statt, eine halbe Stunde Fahrt von Valencia entfernt. Wenn du aktiv am Wurf-Event teilnehmen möchtest, solltest du früh aufbrechen. Gegen Mittag kommen Lastwagen voller Tomaten die Straßen entlang und das Werfen kann beginnen. Kleiderempfehlung: Badekleidung und Taucherbrille! Mehr erfährst du auf www.tomatina.es.

FEIERTAGE

Der August ist in Spanien der Urlaubsmonat und viele Valencianer suchen dann außerhalb der Stadt nach Abkühlung; daher sind viele Läden und Restaurants in diesem Monat geschlossen. Außerdem feiert man Feste in Valencia ausgiebig. An diesen Tagen sind fast alle Geschäfte geschlossen, Museen bleiben aber offen. Neben den bekannten kirchlichen Feiertagen wie Weihnachten und Ostern gibt es in Valencia folgende Feiertage:

1. Januar > Neujahr
6. Januar > Heilige Drei Könige
22. Januar > Fest zu Ehren von San Vicente Mártir
19. März > San José (Las Fallas)
1. Mai > Tag der Arbeit
15. August > Mariä Himmelfahrt
9. Oktober > Tag der autonomen Region Valencia
12. Oktober > Spanischer Nationalfeiertag
1. November > Allerheiligen
6. Dezember > Tag der Verfassung
8. Dezember > Mariä Empfängnis

HAST DU NOCH TIPPS?

Wir haben diesen Reiseführer mit größtmöglicher Sorgfalt zusammengestellt. Das Angebot an Läden und Restaurants wechselt in Valencia jedoch fortwährend. Wir sind bemüht, die Routen und Adressen auf dem aktuellen Stand zu halten, und überarbeiten diesen Reiseführer regelmäßig. Wenn du trotzdem eine Adresse nicht mehr finden kannst oder andere Anmerkungen oder Tipps zu diesem Reiseführer hast, dann lass es uns wissen. Schreib uns eine E-Mail an lektorat@verlagshaus.de.

* Laze in the park

VERKEHR

FLIEGEN

Vom **Flughafen** Valencia Airport ist das Zentrum der Stadt per Bus, Metro oder Taxi innerhalb von 20 Minuten erreichbar. Alle 20 Minuten verkehrt ein spezieller **Aerobús**, Linie 150. Das Ticket kostet 1,45 Euro. Hinweis: Der Bus fährt sonntags nicht!

Mit der **Metro** kostet die einfache Fahrt in die Stadt 3,90 Euro und dauert ungefähr 10 Minuten. Ab Metrostation Aeroport verkehren die Metrolinien 3 (Rafelbunyol-Aeroport, rot) und 5 (Aeroport-Marítim Serrería, grün) Richtung Zentrum. Tipp: Kauf dir am Schalter ein aufladbares „Tarjeta TuiN"-Ticket. Diese Karte lädst du für mindestens 10 Euro auf. Beim Ein- und Auschecken in der Metro werden die Kosten für die Fahrt dann automatisch berechnet. Alle Metro- und Straßenbahnstrecken sind inbegriffen, sogar zum ermäßigten Tarif. Die einfache Fahrt vom Flughafen in die Stadt (Aeroport-Xètiva) kostet dann nur 2 Euro. Du kannst mit mehreren Personen auf einer Karte reisen, dann musst du sie natürlich mehrmals scannen. Wenn du vom Flughafen ein Taxi in die Stadt nimmst, kostet dich das ungefähr 25 Euro. Tipp: Frag den Fahrer vor der Fahrt nach den Kosten.

ÖFFENTLICHE VERKEHRSMITTEL

Obwohl Valencia für die Erkundung zu Fuß optimal ist, sind **Busse** und die **Metro** praktisch, um dich von einem zum anderen Ort zu bringen.

Für Touristen gibt es eine spezielle Valencia Tourist Card, mit der du Bus, Metro und **Straßenbahn** unbegrenzt nutzen kannst. Außerdem erhältst du mit dieser Karte Ermäßigungen in Restaurants, Geschäften und Museen. Es gibt Tageskarten (15 Euro), Karten für zwei Tage (20 Euro) oder für drei Tage (25 Euro). Die Karte kannst du am Flughafen, in Touristenbüros, bei einigen *estancos* (Zigarettenläden) oder auf www.valenciatouristcard.com kaufen. Im Zigarettengeschäft kannst du auch den *bonobús* erhalten, eine Streifenkarte für 10 Busfahrten (8,50 Euro plus 2 Euro für die Karte selbst). Weitere Informationen erhältst du auf www.emtvalencia.es.

In Valencia gibt es ein großes Metronetz. Tickets bekommst du am Eingang der Metrostationen. Ein Hin- und Rückfahrticket innerhalb der Stadt kostet 2,90 Euro; eine Streifenkarte für 10 Fahrten, ein bonometro, 7,20 Euro. Die Metro verkehrt von 6.00 bis 23.00 Uhr. Einen Überblick über sämtliche Metrolinien erhältst du auf der Metrokarte hinten in diesem Guide. Weitere Informationen findest du auf der Website www.metrovalancia.com.

TAXI

Die weißen **Taxis** siehst du überall in der Stadt. Wenn das grüne Licht auf dem Dach leuchtet, kannst du es anhalten und einsteigen. Taxis sind nicht so teuer und sie verwenden ein Taxameter. Bis 22.00 Uhr gibt es einen Starttarif in Höhe von 4 Euro, danach beträgt er 6 Euro.

RAD FAHREN

Die Valencianer entscheiden sich immer öfter für das **Fahrrad**. Valencia ist flach und daher bestens zum Radeln geeignet. Außerdem wurden in den letzten Jahren viele Radwege angelegt. Beachte, dass diese schmal sind und Gegenverkehr herrscht. Wenn es eng wird, fährt man ordentlich in der Reihe hintereinander. Im historischen Zentrum dürfen Autofahrer nicht schneller als 30 Stundenkilometer fahren, an einigen Stellen sogar nur 20 Kilometer pro Stunde. Dort kannst du also ziemlich sicher fahren. Auch das Flussbett des früheren Río Túria ist zum Radfahren ideal. Du musst nicht auf Ampeln achten und fährst in der Stadt inmitten von Natur. Kinder bis 16 Jahre müssen einen Helm tragen, für Erwachsene gilt Helmpflicht nur außerhalb der Stadt.

Es gibt 276 Mietstationen der **Valenbisi**, der Stadträder, in Valencia. Dieser Service steht Einheimischen und Touristen zur Verfügung. An einer Mietstation oder im Internet kannst du ein Abo für mindestens eine Woche abschließen (für 13,30 Euro). Wenn du ein Rad länger als eine halbe Stunde benutzt, zahlst du pro halbe Stunde etwa 1 Euro zusätzlich. Die Räder sind aus massivem Gummi. Deshalb gibt es keinen „Platten", das allerdings auf Kosten des Komforts. Die Fahrräder stehen für kurze Entfernungen zu Verfügung. Weitere Infos erhältst du auf www.valenbisi.com.

Wenn du eine Tagestour unternehmen oder noch länger radeln möchtest, kannst du ein Rad bei einer Vermietung wie The Easy Way (Calle Mantas 3, Avenida de Francia 10) oder PassionBike (Calle Abadia Sant Martí 4) ausleihen. Valencia Bikes befindet sich in der Paseo de la Pechina 32. Hier werden auch täglich Touren organisiert – eine gute Idee zu Beginn deines Stadtbesuchs!

CITY
273
ValenciaBIKES
BIKE RENTAL & TOURS
+34 650 621 436

TOP 10 KUNST & KULTUR

1 Moderne Kunst im **IVAM** > S. 106

2 Zeitgenösische Kunst im alten **Centro del Carmen** > S. 26

3 Erlebte Geschichte im **Museo de Historia de Valencia** > Calle Valencia 42

4 Alles zu den größten Festen von Valencia im **Museo Fallero** > S. 62

5 Moderne und Illustrationen – die Themen des **MuVIM** > S. 105

6 Das Museum für schöne Künste: **Museo de Bellas Artes de Valencia** > S. 82

7 Die **Casa Museu Benlliure** ist das Haus des gleichnamigen Bildhauers > S. 26

8 Das Keramikmuseum befindet sich im **Palacio del Marqués de dos Aguas** > S. 42

9 Kunst in einem alten Bankgebäude, **Fundación Bancaja** > S. 42

10 Kloster mit Priesterseminar und Museum **El Patriarca** > S. 42

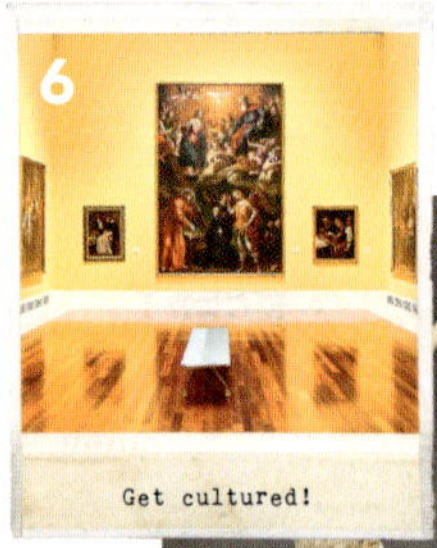

TOP 10 RESTAURANTS

1. Asiatischer Genuss im **Ma Khin Café** > Calle Jorge Juan 19
2. Speisen in der *bodega* **Casa Montaña** > S. 69
3. Vegetarisches im **Copenhagen** genießen > S. 46
4. Relax im Schatten des alten Feigenbaums im **La Aduana** > S. 66
5. Im **La Salita** kocht die Siegerin der US-Kochshow Top Chef, Begoña Rodrigo > S. 48
6. Im Sternerestaurant **RiFF** schick essen > S. 49
7. Genuss im **Canalla Bistro** mit sieben kleinen Gängen > S. 49
8. Das **Panorama** bietet eine herrliche Aussicht auf das Meer > Marina Real Juan Carlos I, S/N
9. **Navarro**: Familienbetrieb seit 1951 > Calle Arzobispo Mayoral 5
10. Die **Mercatbar** von Drei-Sterne-Chefkoch Quique Dacosta > S. 49

TOP 10 ABENDS AUSGEHEN

1 Bei **Jimmy Glass** spielen oft gute Jazzbands > Calle Baja 28

2 Im **Barcode** gibts Cocktails > Calle Almirante Cadarso 11

3 Club-Feeling unter Palmen im **L'Umbracle en MYA** > Avenida del Professor López Piñero 5

4 Besuch eine Flamencoshow im **Café del Duende** > S. 114

5 Abends auf die Terrasse der **Bar Negrito** > Plaza del Negrito 1

6 Amerikanische Burger und Bier im **Portland Ale House** > Calle Salamanca 10

7 Party im Club **Xtra Lrge Playground** bis tief in die Nacht > Gran Vía Germanías 21

8 Abtanzen in der charmanten Bar **Radio City** > S. 114

9 Probier das *agua de Valencia* im **Café de las Horas** > S. 30

10 Oper wird dir im **Palau de les Arts Reina Sofía** geboten > S. 62

TOP 10 SONNTAG

1 Flohmarkt **Rastro de Valencia** > Avenida de los Naranjos 12

2 Mit dem Rad zum Naturpark **Albufera**, mit Erkundungstour > S. 122

3 Kostenloses Klassikkonzert auf dem **Mercado Colón** > S. 57

4 Besuch bei den Delfinen im **L'Oceanogràfic** > S. 121

5 Sammlermarkt am **Mercado Central de Valencia** > S. 37

6 Zum Fußballspiel des Valencia CF oder Levante UD ins Stadion **Mestalla** > S. 94

7 **Museumsbesuch** (viele Museen sind sonntags kostenlos) > S. 14

8 Mittagessen am Strand bei **La Murciana** > Paseo Marítimo de la Malvarrosa mod. 9

9 Picknick mit anschließender Siesta im **Jardín del Túria** > S. 73

10 Besuch im Tierpark **Bioparc** > S. 121

ROUTE 1

CIUTAT VELLA

INFOS ZUR ROUTE

Diese Route bringt dich zu den Sehenswürdigkeiten im historischen Zentrum. Neben den Monumentalbauten wirst du auch in Gassen mit hübschen Läden, an verborgene Plätze und authentische Tapas-Restaurants geführt. Nimm dir Zeit, eine Kirche, den Mercado Central und das Postgebäude von innen zu besichtigen und noch mehr zu entdecken.

DAS VIERTEL

Im historischen Zentrum der Stadt, **Ciutat Vella**, begegnet man den meisten Touristen. Und das hat seinen Grund, da sich hier innerhalb der ehemaligen Stadtmauern auf recht kleiner Fläche sämtliche Highlights von Valencia befinden. Das Zentrum wurde 138 vor Christus durch die Römer gegründet. Von der Stadtmauer und den 12 Zugangstoren sind zwei Tore erhalten: der Torres de Quart und der **Torres de Serranos**.

Schon früh am Morgen geht es auf dem **Mercado Central** und seiner Umgebung geschäftig zu. Die Stadt erwacht hier zum Leben, auch auf den vielen Plätzen und Terrassen. An der Plaza del Ayuntamiento liegen viele Büros, das Rathaus und das Postamt **Correos**. An der **Catedral de Valencia** gibt es zwei Plätze mit schönen Terrassen: Plaza de la Virgen und Plaza de la Reina. Diese kleinen Terrassen sind perfekt, um beim kühlen Getränk Menschen zu beobachten. Wenn du morgens Spaniern begegnest, frühstücken sie häufig bei einem *café solo* (Espresso) ein *tostada* (geröstetes Brot mit frischen gehackten Tomaten, Olivenöl und Salz).

Falls du eine gute Tapasbar suchst, besuch das Künstler- und Studierendenviertel El Carmen. Bewundere hier auch die Street-Art an den Fassaden: Die tollen Werke stammen von bekannten valencianischen Künstlerinnen und Künstlern. Die ungeschriebene Regel lautet, dass man die Werke gegenseitig unbeschadet

lässt, und deshalb sind viele beeindru[...]
der Plaza del Tossal ein guter Tipp: Er i[...]
in der Altstadt mit diversen einladende[...]
auch diverse Clubs. Hinter den großer[...]
villen verbergen sich oft beeindrucken[...]

WENIG ZEIT? DAS SIND DIE HIGHL[...]
AYUNTAMIENTO + PLAZA REDOND[...]
NA + MERCADO CENTRAL DE VALE[...]

I'm in love with cities I've never been to & people I've never met

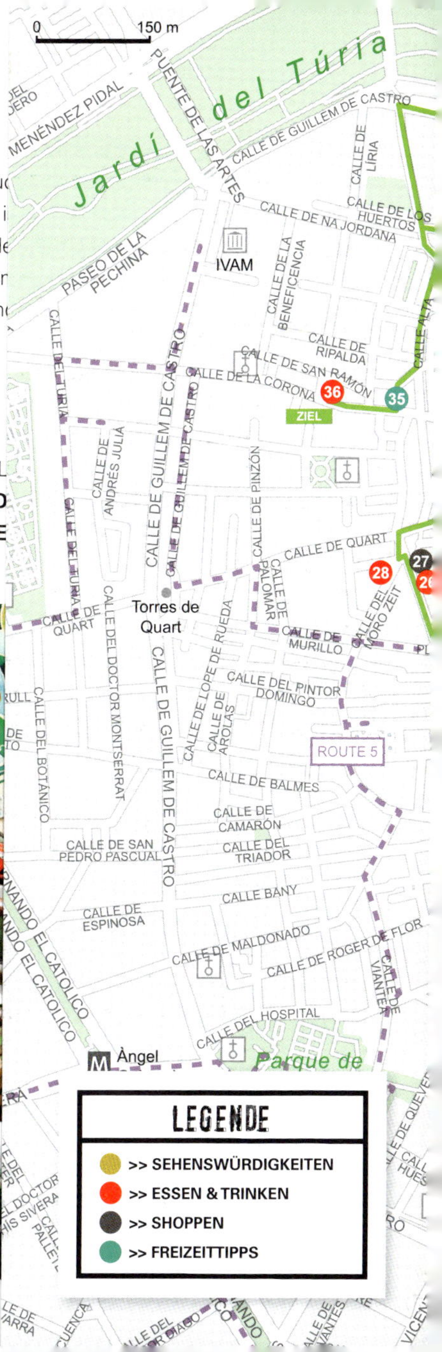

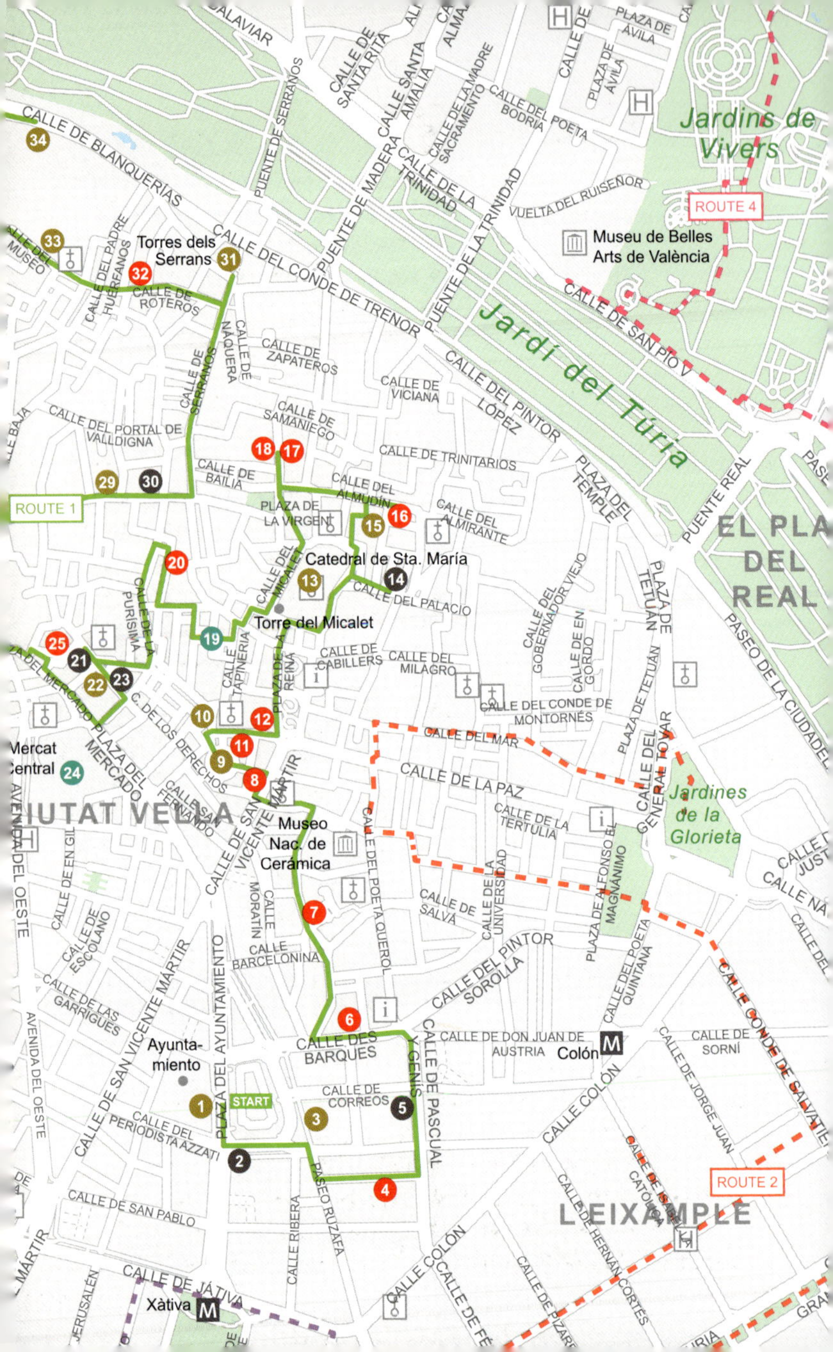

Jardins de Vivers
Jardí del Túria
EL PLA DEL REAL
CIUTAT VELLA
L'EIXAMPLE
ROUTE 1
ROUTE 2
ROUTE 4
START
Torres dels Serrans
Museu de Belles Arts de València
Catedral de Sta. María
Torre del Micalet
Mercat Central
Museo Nac. de Cerámica
Ayuntamiento
Jardines de la Glorieta
Colón
Xàtiva
CALLE DE BLANQUERÍAS
CALLE DEL CONDE DE TRENOR
CALLE DE SAN PÍO V
CALLE DEL PINTOR LÓPEZ
PUENTE DE SERRANOS
PUENTE DE MADERA
PUENTE DE LA TRINIDAD
PUENTE REAL
CALLE DE SANTA RITA
CALLE SANTA AMALIA
CALLE DE LA TRINIDAD
CALLE DE LA MADRE SACRAMENTO
CALLE DEL POETA BODRIA
VUELTA DEL RUISEÑOR
PLAZA DE ÁVILA
CALLE DEL MUSEO
CALLE DEL PADRE HUÉRFANOS
CALLE DE ROTEROS
CALLE DE SERRANOS
CALLE DE NAQUERA
CALLE DE ZAPATEROS
CALLE DE VICIANA
CALLE DE SAMANIEGO
CALLE DEL PORTAL DE VALLDIGNA
CALLE DE BAILIA
CALLE DE TRINITARIOS
PLAZA DEL TEMPLE
CALLE DEL ALMUDÍN
PLAZA DE LA VIRGEN
CALLE DEL ALMIRANTE
CALLE DEL MICALET
CALLE DEL PALACIO
CALLE DE LA PURÍSIMA
CALLE TAPINERIA
PLAZA DE LA REINA
CALLE DE CABILLERS
CALLE DEL MILAGRO
CALLE DEL GOBERNADOR VIEJO
CALLE DE EN GORDO
PLAZA DE TETUÁN
CALLE DEL CONDE DE MONTORNÉS
CALLE DEL MAR
CALLE DE LA PAZ
CALLE DE LA TERTULIA
CALLE DEL GENERAL TOVAR
PASEO DE LA CIUDADELA
PLAZA DEL MERCADO
C. DE LOS DERECHOS
CALLE SAN FERNANDO
CALLE DE SAN VICENTE MÁRTIR
AVENIDA DEL OESTE
CALLE DE EN GIL
CALLE DE ESCOLANO
CALLE DE LAS GARRIGUES
CALLE MORATÍN
CALLE BARCELONINA
CALLE DEL POETA QUEROL
CALLE DE SALVÁ
CALLE DE LA UNIVERSIDAD
PLAZA DE ALFONSO EL MAGNÁNIMO
CALLE DEL POETA QUINTANA
CALLE DEL PINTOR SOROLLA
CALLE DES BARQUES
CALLE DE DON JUAN DE AUSTRIA
CALLE DE PASCUAL Y GENÍS
CALLE DE CORREOS
PLAZA DEL AYUNTAMIENTO
CALLE DEL PERIODISTA AZZATI
PASEO RUZAFA
CALLE RIBERA
CALLE DE SAN PABLO
CALLE DE JÁTIVA
CALLE COLÓN
CALLE CONDE DE SALVATIERRA
CALLE DE SORNÍ
CALLE DE JORGE JUAN
CALLE DE ISABEL LA CATÓLICA
CALLE DE HERNÁN CORTÉS
CALLE DE PIZARRO
CALLE DE JERUSALÉN
1 2 3 4 5 6 7 8 9 10 11 12 13 14 15 16 17 18 19 20 21 22 23 24 25 29 30 31 32 33 34

BESCHREIBUNG ROUTE 1 (ca. 5,1 km)

Los geht es am Rathaus 1. An der Ecke befindet sich der Fanshop des Fußballclubs Valencia C. F. 2, am oberen Ende die Postfiliale 3. Geh in die Paseo de Ruzafa und an der Calle de Mosén Fernandes links, in der ein Fischrestaurant 4 liegt. Nimm die erste Straße links am Süßwarenladen 5 vorbei und biege links in die Calle des Barques ein. Nach deiner ersten Tasse Kaffee 6 nimmst du rechts die Calle dels Transits. Am Platz kannst du brunchen 7. Setz deinen Weg auf der Calle del Ambajador Vich fort und folge der Straße am Ende nach links. An der nächsten Kreuzung erblickst du die Bar Sagardi 8 rechts vor dir. Direkt nach dieser Bar biegst du links auf einen kleinen Platz ein 9. Halte dich rechts und verlass den Platz an der zweiten Möglichkeit zur Plaza Lope de Vega. Hier kannst du das kleinste Haus bestaunen 10. Bieg in die Calle de la Sombrerería, um etwas Leckeres zu essen 11 12. Geh links die Plaza de la Reina hinauf zur Kathedrale 13. Geh rechts herum. Rechts in der Calle del Palacio lockt ein schöner Laden 14. Weiter Richtung Kathedrale und rechts zum archäologischen Museum 15. Rechts in der Calle del Almudín liegt eine Tapasbar 16. Lauf zurück durch die Calle Almudín und bieg rechts in die Calle del Conde de Almodóvar für Speis 17 und Trank 18. Zurück geht es zur Plaza de la Virgen. Geh schräg hinüber und weiter um die Kathedrale. Halte dich am Ende rechts und geh dann links in die Calle Bordadores. Geh schräg gegenüber in die Calle Tapinería. Bieg rechts in die erste Straße ein und überquer zwei kleine Plätze 19. Am Ende rechts, am nächsten Ende links und geh rechts in die Calle de Catalans. Abends gibt es hier fantastische Tapas 20. Geh weiter oben am Plaza Negrito links und wieder links. Nimm die Calle de la Cenia nach rechts und geh an der Kirche nochmals rechts. Links triffst du auf ein Geschäft 21. Geh zurück, entlang am La Lonja 22 und dem Lädchen Bugalú 23. Am La Lonja befindet sich rechts eine Treppe. Steig hinauf, links siehst du den Haupteingang des Mercado Central 24. Schräg gegenüber kannst du lokales Bier 25 genießen. Bieg rechts in die Calle Bolsería ein für Tapas 26 und ein charmantes Geschäft 27. Auf der Ecke der Plaza Tossal liegt eine schöne Terrasse 28. Geh vom Platz rechts in die Calle Caballeros zum Zinnsoldatenmuseum 29 und einem Souvenirladen 30. Bieg links in die Calle de Serranos. Am Ende siehst du das Stadttor 31. Nimm die Calle de Roteros und genieß eine Açai-Bowl 32. Jetzt zum Centro del Carmen 33. Bieg am Ende der Calle Museo rechts und wieder rechts zum Benlliure-Museum 34 ab. Geh über die Calle Alta zurück und nimm rechts die Calle San Tomás zum Marktbesuch 35. Folge der Route durch die Calle Corona zum Thai-Restaurant 36.

SEHENSWÜRDIGKEITEN

① Das riesige Gebäude **Ayuntamiento** wird seit 1934 als Rathaus genutzt. Hier befindet sich ein Stadtarchiv, es ist Versammlungsort für den Gemeinderat und für Publikum geöffnet, wenn keine offiziellen Veranstaltungen stattfinden. Bewunder die Marmortreppe und den Ballsaal voller Spiegel im Inneren. Im historischen Stadtmuseum erfährst du mehr über die Geschichte der Stadt.
Plaza del Ayuntamiento 1, www.valencia.es, Mo–Fr 8.30–14.00 Uhr, Eintritt gratis, Metro 3, 5, 9 Xativa, Bus 19, 62, 67 Plaza de l'Ajuntament–Cotanda

③ Auch wenn du keine Briefmarken brauchst, solltest du das Postamt, **Correos**, besuchen. Es wurde zwischen 1915 und 1922 erbaut. Schau nach oben – die Kuppel im neoklassizistischen Baustil mit Bleiglasfenstern ist atemberaubend.
Plaza del Ayuntamiento 24, www.correos.es, Mo–Fr 8.30–20.30, Sa 9.30–14.00 Uhr, Eintritt gratis, Metro 3, 5, 9 Xativa, Bus 19, 62, 67 Plaza de l'Ajuntament–Cotanda

⑨ Der **Plaza Redonda** („der runde Platz") ist von Handwerks- und Keramikläden umgeben. Am Springbrunnen sitzen häufig ältere Damen und Herren, beschäftigt mit Häkeln und Klöppeln. Der Platz wurde 1840 nach einem Entwurf von Salvador Escrig Melchor erbaut und 2012 vollständig renoviert.
Plaza Redonda, Bus 4, 8, 9, 11, 16, 28, 70, 71 Reina

⑩ Achtung, nicht daran vorbeilaufen, **La Estrecha** ist nämlich das schmalste Haus Europas. Die Fassade misst nur 107 Zentimeter, kaum breiter als die Tür. Auf jeder der fünf Etagen befindet sich ein Fenster.
Plaza Lope de Vega 8, nicht für Publikum geöffnet, Bus 4, 8, 9, 11, 16, 28, 70, 71 Reina

⑬ Der Grundstein für die **Catedral de Valencia** wurde von Jaime I gelegt, dem König von Aragón, nachdem er Valencia 1238 erobert hatte. Hier gibt es zahlreiche Kunstschätze zu bewundern. Mach dich auf die Suche nach den Fresken der Engel oder den beiden Goya-Gemälden. Der Sage nach ist hier der Aufbewahrungsort des Heiligen Grals. Besteig die Glockentürme El Miguelete und genieß den großartigen Blick über die Stadt.
Plaza de la Reina, www.catedraldevalencia.es, Mo–Sa 10.00–18.30, So 14.00–18.30 Uhr, Eintritt 8 €, Bus 4, 8, 9, 11, 16, 28, 70, 71 Reina

Feel the history

(15) Neugierig darauf, wie Valencia vor gut 2000 Jahren aussah? Dann besuch das archäologische Museum **L'Almoina**. Hier haben die Römer 138 vor Christus die Stadt Valencia erbaut. Vor dem Museumseingang liegt ein gläserner Boden, durch den du die Ausgrabungen betrachten kannst. Innen ist es recht dunkel und deshalb hat der Raum etwas von einer Schatzkammer aus dem Märchen.
Plaza de Décimo Junio Bruto, www.valencia.es/val/almoina/inici, Mo–Sa 10.00–19.00, So 10.00–14.00 Uhr, Eintritt Mo–Sa 2 €, So gratis, Bus 5, 6, 11, 16, 26, 28, 80, 94, 95 Poeta Llorente–Temple

(22) Die Seidenbörse **La Lonja** ist eines der schönsten Beispiele Europas für profane gotische Architektur. So schön, dass dieses Gebäude 1996 in die UNESCO-Weltkulturerbeliste aufgenommen wurde. Es wurde im 15. Jahrhundert als Hauptsitz für den Seidenhandel erbaut. Dieser Handel fand in der Sala de Contratación statt, einem Saal mit imposanten Spiralsäulen. In einem Seitenflügel ist das Consulado del Mar untergebracht, in dem das Markttribunal tagte, das erste spanische Gericht für Handelskonflikte. Händler mit hohen Schulden wurden in die Türme gesperrt.
Calle de la Lonja 2, Mo–Sa 9.30–19.00, So 9.30–15.00 Uhr, Eintritt Mo–Sa 2 €, So gratis, Bus 7, 27, 73 Mercat Central–Llotja

(29) Du wirst über die riesige Menge Zinnsoldaten im **L'Iber Museo de los Soldaditos de Plomo** staunen. Das Museum befindet sich in einem gotischen Gebäude aus dem 14. Jahrhundert mit neoklassizistischer Fassade und beherbergt um die 80 000 Zinnsoldaten. Die Aufstellungen erzählen die Geschichte von Valencia und Spanien auf originelle Art. Toll für Kinder!
Calle Caballeros 20–22, www.museoliber.org, Juli–Aug täglich 10.00–14.00 & 15.00–20.00, Sep–Juni Mi–So 11.00–14.00 & 16.00–19.00 Uhr, Eintritt 8 €, Bus 5, 28, 95 Torres dels Serrans–Comte de Trénor

(31) Das Stadttor **Torres de Serranos** wurde Ende des 14. Jahrhunderts errichtet und bildete den nördlichen Hauptzugang zur Stadt. Anfangs dienten die Türme als Wehrtürme und Ort für offizielle Empfänge. Später wurden sie als Gefängnis für begüterte Häftlinge genutzt. Jetzt kannst du sie erklimmen!
Plaza de los Fueros, Mo–Sa 9.30–19.00, So 9.30–15.00 Uhr, Eintritt Mo–Sa 2 €, So gratis, Bus 5, 28, 95 Torres dels Serrans–Comte de Trénor

(33) Im alten Kloster des Viertels El Carmen ist das **Centro del Carmen** untergebracht. Die hohen Decken und die gotische, Renaissance- und Barockarchitektur sind prächtige Deko für meist moderne Kunst, Fotografie und Performances, die du hier zu sehen bekommst.

Calle Museo 2, www.consorcimuseos.gva.es, Di–So 11.00–21.00 Uhr, Eintritt gratis, Bus 5, 28, 95 Blanqueria–Pare d'Òrfens

(34) Die **Casa Museu Benlliure** war Ende des 19. Jahrhunderts Wohnsitz der Familie Benlliure, damals eine der wichtigsten Künstlerfamilien Valencias. Hinter dem Gebäude befindet sich ein schöner Garten mit Atelier. Im Museum werden viele Bilder von Mariano Benlliure präsentiert, außerdem Gemälde seines Zeitgenossen Sorolla.

Calle Blanquerías 23, Di–Sa 10.00–14.00 & 15.00–19.00, So 10.00–14.00 Uhr, Eintritt 2 €, So gratis, Bus 5, 28, 95 Blanqueria–Pare d'Òrfens

ESSEN & TRINKEN

(4) Den besten Fisch und die leckersten Meeresfrüchte von Valencia gibt es bei **Civera**. Dieses Restaurant ist bis weit vor die Stadttore für seine Qualität und den guten Service bekannt. Wenn du etwas zu feiern hast, ist dieser Ort perfekt. Hier bestellst du Krebs, Austern, Gambas und Langostinos oder herrlich frischen Fisch. Die Einrichtung hat Stil: klassisch mit viel Blau, Weiß und maritimen Details.

Calle del Mosén Femades 10, www.marisqueriascivera.com, Tel. +34 963529764, tgl. 13.00–17.00 & 20.00–0.00 Uhr, Preis 25 €, Metro 3, 5, 9 Xativa, Bus 6, 14, 15, 35 Pascual i Genis–Roger de Lloria

(6) Das **Lotelito** ist ein gemütliches Lokal, in dem man auch ausgezeichnet essen kann. Beim Mittagessen nimmst du auf der Terrasse Platz, wo dir ein Drei-Gänge-Menü zum fairen Preis serviert wird. Zum Getränk gibt es eine Reihe traditioneller Tapas mit modernem Touch.

Calle de las Barcas 13, lotelitovalencia.com, Tel. +34 962067852, Mo–Mi 8.30–17.00, Do–Fr 8.30–0.30, Sa 11.00–0.30, So 11.00–0.00 Uhr, Preis Tagesmenü 14,90 €, Metro 3, 5, 9 Xativa, Bus 6, 26, 31 Poeta Querol–Barques

(7) Das **Federal** ist hell und modern gestaltet, hat aber wegen der hohen Decke den Charme eines Grand Café. Die Sandwiches, Hamburger und Lachsbrötchen sind alle gleich schmackhaft. Auch eine schöne Location, um morgens in aller Ruhe die Zeitung am Lesetisch oder in den Fensteröffnungen zu lesen, die mit kleinen Sitzplätzen ausgestattet sind.

Calle Embajador Vich 15, federalcafe.es, Tel. +34 960617596, Mo–Do 9.00–0.00, Fr–Sa 9.00–1.00, So 9.00–17.30 Uhr, Preis 12 €, Brötchen 5,50 €, Metro 3, 5, 9 Xativa, Bus 6, 26, 31 Poeta Querol–Barques

(8) In der baskischen Bar **Sagardi** bekommst du den ganzen Tag *pintxos*, Brotscheiben mit leckerem Belag. Die diversen Sandwiches sind auf der Theke ausgestellt. Bei Ankunft bestellst du ein Getränk und erhältst dazu einen leeren Teller. Du nimmst dir Sandwiches nach Wunsch. Die Stäbchen hebst du auf und mit ihnen wird am Ende zusammen mit den Getränken abgerechnet. Darüber liegt ein etwas teureres Restaurant, das fantastischen Fisch und Fleisch vom Grill serviert.

Calle San Vicente Mártir 6, www.sagardi.com, Mo–Do 10.00–0.30, Fr–So 10.00–1.00 Uhr, Preis Pintxo 2,10 €, Bus 6, 26, 31 Marqués de Dosaigües–Pau

7
federal
TURIA

(11) Du kannst Valencia unmöglich verlassen, ohne eine *horchata* getrunken zu haben. Dieses milchartige Getränk wird aus Mandeln, Wasser und Zucker hergestellt und enthält keine Milch. Dazu isst du ein *fartón*, eine Teigstange, die du in das Getränk tauchst. In der **Horchatería Santa Catalina** wird dieses Getränk schon seit 1807 ausgeschenkt. Die Wände des Geschäfts sind mit Darstellungen aus der valencianischen Geschichte gefliest.
Plaza de Santa Catalina 6, www.horchateriasantacatalina.com, Tel. +34 963912379, tgl. 8.15–21.30 Uhr, Preis Horchata mit Fartón 3,75 €, Bus 4, 8, 9, 11, 16, 28, 70, 71 Reina

(12) Die Valencianer sind echte Süßmäuler. Und das traditionell hergestellte Eis der **Heladerías Llinares** ist deshalb auch so beliebt. Es gibt um die 50 verschiedene Sorten, von denen Turon mein Favorit ist. Turon ist eine Leckerei aus Mandeln, die insbesondere an Weihnachten gern gegessen wird. Probier auch einmal herzhafte Varianten wie Gazpacho.
Plaza de la Reina 6, www.heladeriasllinares.com, Tel. +34 963917466, tgl. 10.00–1.00 Uhr, Preis 2 Kugeln Eis 2,70 €, Bus 4, 8, 9, 11, 16, 28, 70, 71 Reina

(16) Die **Bar Almudin** ist ein kleines Tapasrestaurant gegenüber vom früheren Kornmagazin, in dem regelmäßig Ausstellungen stattfinden. In der Bar gibt es fantastischen Wermut aus dem Ort Reus bei Barcelona. Bestell dazu gebackene Garnelen, *patatas bravas* (Bratkartoffeln) oder *albóndigas* (Hackfleischbällchen).
Calle del Almudín 14, Tel. +34 679091844, tgl. 13.00–15.00 & 17.00–01.30 Uhr, Preis Tapas 5 €, Bus 5, 6, 11, 16, 26, 28, 80, 94, 95 Poeta Llorente–Temple

(17) Bei **Delicat** werden ausgezeichnete Mittagsmenüs mit asiatisch-spanischen Fusion-Gerichten serviert, aber auch zum Dinner lohnt sich der Besuch. Probier zum Beispiel ihre *salmorejo* (kalte Tomatensuppe) mit Schinken oder koreanischen Reis mit Kabeljau. Das kleine Restaurant ist einfach, aber sehr geschmackvoll eingerichtet und die servierten Gerichte sind fast schon Kunstwerke auf Tellern.
Calle del Conde de Almodóvar 4, www.restaurantedelicat.com, Tel. +34 963923357, Di–Sa 13.45–15.30 & 20.45–23.30, So 13.45–15.30 Uhr, Preis Mittagsmenü 20 €, Bus 6, 11, 16, 26, 80, 94 Comte de Trénor–Pont de Fusta

⑱ Im **Café de las Horas** herrscht eine intime Atmosphäre. Ist es das Kerzenlicht oder die klassische Musik? Verliebte Paare werden dieses Café jedenfalls mögen. An den Wänden hängen großformatige Gemälde und auf der Bar stehen Fotos und Schalen mit Orangen. Die Cocktails sind hier ausgezeichnet und die Gin-Tonic-Karte umfangreich. Oder probier *agua de Valencia* mit Orangensaft, Cava und Orangenlikör.

Calle del Conde de Almodóvar 1, www.cafedelashoras.com, Tel. +34 963917336, tgl. 10.00–2.00 Uhr, Preis Cocktail 8 €, Bus 6, 11, 16, 26, 80, 94 Comte de Trénor–Pont de Fusta

⑳ Die charmante Tapasbar **La Bodeguilla del Gato** liegt in einer kleinen Seitenstraße des Plaza Negrito. An den Wänden hängen Gemälde und Katzenposter. Gato heißt auf Spanisch „Katze", daher der Name. Der gebackene Camembert, Tomatensalat, *pimientos de padron* (kleine gebratene Paprika), *rabo de toro* (Ochsenschwanz) und *tortilla de patata* (Kartoffelomelett) sind megalecker!

Calle Catalans 10, Tel. +34 963918235, tgl. 20.30–23.30 Uhr, Preis Tapas 4,50 €, Bus 4, 8, 9, 11, 16, 28, 70, 71 Reina

㉕ Müde von der ganzen Lauferei? Die Regiestühle und Holztischchen bei **Tyris on Tap** laden zum Relaxen und auf leckeres, frisch gezapftes Bier zur Pizza oder anderen Snacks ein. Alle Biere stammen von der lokalen Marke Tyris und werden in der Fabrik in Paterna direkt außerhalb von Valencia gebraut, die du auch besichtigen kannst. Probier einmal das helle Bier mit Melone und Limette oder das Kürbisbier.

Calle Taula de Canvis 6, www.cervezatyris.com, Tel. +34 961132873, Mi–Fr 18.00–0.30, Sa 12.00–0.30, So 18.00–0.30 Uhr, Preis frisch gezapftes Bier 3 €, Bus 7, 27, 28, 81 Carda–Moro Zeit

㉖ In Valencia gibt es viele gute Tapasbars und **Jamón Jamón** zählt dazu. Eine ziemlich geräuschvolle Location, aber die Kellner sind freundlich und fix. Eine Empfehlung ist das Tasting-Menü: Vor allem der karamellisierte Ziegenkäse und das Schmorfleisch (Schweinebäckchen) sind superlecker. Außerhalb der Karte ist das Entrecôte eine echte Empfehlung.

Calle Bolsería 36, Tel. +34 611443175, tgl. 20.00–0.45 Uhr, Preis Tapas 6 €, Bus 73 Carda–Moro Zeit, Bus 7, 27, 73 Mercat Central–Llotja

12
Gelateries
Gelateries Artesanes

18

7

18

16

32

11
Santa Catalina

32
Lunch all afternoon
almalibre

(28) *Clochinas* (Muscheln) sind die Spezialität der Tapasbar **La Pilareta**. Und die sind hier so, dass du dir buchstäblich die Finger leckst! Wenn du an der Bar stehst, wirfst du die leeren Schalen in die Behälter darunter. Keine Angst, wenn ein Kellner anfängt, zu schreien – so gibt er die Bestellung an die Küche durch. Wenn du Muscheln nicht gern magst, ist der *pepito* eine Empfehlung: ein Brot mit Tomate, Thunfisch, Ei und Paprika.

Calle Moro Zeit 13, www.barlapilareta.es, Tel. +34 963910497, tgl. 12.00–0.00 Uhr, Preis Tapas 4,50 €, Bus 73 Carda–Moro Zeit, Bus 7, 27, 73 Mercat Central–Llotja

(32) Wer die Açaí-Bowl im **Almalibre Açaí House** einmal probiert hat, ist vermutlich sofort süchtig. Es handelt sich um Eis aus den gesunden brasilianischen Açaí-Beeren, das Topping wählst du selbst aus. Keine Lust auf Eis? Hier gibt es auch ausgezeichnete vegetarische Wraps mit gegrilltem Gemüse und Hummus, frische Salate und Smoothies.

Calle Roteros 16, www.almalibreacaihouse.com, Tel. +34 961048475, Di–Sa 10.00–23.00, So 10.00–16.00 Uhr, Preis Açaí–Bowl 8,90 €, Bus 5, 28, 95 Blanqueria–Pare d'Òrfens

(36) Das Restaurant **Thai Mongkut** ist ein echtes Farb- und Duftspektakel, als wärst du auf einem thailändischen Streetfood-Markt. Bestell *kati satee* mit Erdnusssauce, *poh piah* mit Fleisch und Gemüse oder das wohlbekannte *pad thai*. Süß, sauer, bitter und würzig – all das schmeckst du in den Gerichten.

Calle Corona 8, www.thaimongkut.es, Tel. +34 960216780, Mi–So 13.30–15.30 & 19.30–22.30 Uhr, Preis Tagesmenü 17 €, Bus 5, 28, 95 Blanqueria–Pare d'Òrfens

SHOPPEN

(2) Du möchtest ein offizielles Trikot des Fußballclubs von Valencia? Im **Megastore Valencia C. F.** hast du auf jeden Fall Erfolg. Er führtn eine umfassende Kollektion an Spiel- und Trainingstrikots. Außerdem erhältst du Schuhe und andere Artikel von Puma, dem Sponsor des Vereins. Alles mit dem bekannten Fledermauslogo des Club de Futból de Valencia.

Plaza de Ayuntamiento 28, www.valenciacf.com, tgl. 10.00–21.00 Uhr, Metro 3, 5, 9 Xátiva, Bus 13 Plaza de l'Ajuntament–Cotanda

⑤ Verwöhn dich oder deine Kinder mit den Süßwaren von **Let's Sweet**. Sie sind nicht nur unwiderstehlich lecker, sondern auch schön verpackt. Nimm einen Behälter in Größe S, M, L oder XL und befüll ihn nach Herzenslust. Kleb einen Sticker darauf, z. B. „I love Valencia" oder kreiere einen persönlichen Aufdruck.
Calle Pascual y Genís 8, www.letssweet.es, Mo–Sa 10.30–20.30 Uhr, Metro 3, 5, 7, 9 Colón, Bus 10, 13 Correus–Pascual i Genís

⑭ Schöne Flechtobjekte, Keramikschalen, grob gewebte Kleidung und Tontassen – das findest du bei **Simple**, einem Laden, in dem du ausgiebig stöbern kannst. Die meisten Artikel sind handgemacht, alles ist garantiert *hecho en España* – produziert in Spanien.
Calle del Palacio 5, www.simple.com.es, Mo–Fr 10.00–14.00 & 17.00–20.45, Sa 10.00–14.30 & 16.30–20.45, So 10.30–14.30 Uhr, Bus 4, 8, 9, 11, 16, 28, 70, 71 Reina

㉑ Du wirst in Valencia kaum an Heimweh leiden, aber **La Postalera** macht es dir ganz leicht, eine Postkarte an deine Lieben zu schicken. Du schreibst sie an einem der Tische, kaufst eine Briefmarke und wirfst sie hier direkt in den Briefkasten. La Postalera verkauft neben originellen Karten auch andere fröhliche, vom Besitzer und anderen kreativen Locals hergestellte Souvenirs.
Calle Danzas 3, lapostalera.es, Mo–Fr 11.00–15.00 & 17.00–20.00, Sa 11.00–15.00 & 16.30–20.30, So 11.00–15.00 Uhr, Bus 7, 27, 73 Mercat Central–Llotja

㉓ Die Geschäfte **Bugalú** und **Madame Bugalú** liegen nicht weit voneinander entfernt in derselben Straße. Beide bieten umfassende Sortimente an nicht alltäglicher Kleidung und Accessoires. Du findest Mode und Taschen internationaler Marken wie Stella Forest, Orla Kiely und Designers Remix.
Calle de La Lonja 6, fb @bugaluvalencia, Mo–Mi 10.00–14.00 & 17.00–20.30, Do–Sa 10.00–14.00 & 16.30–20.30, So 10.30–14.30 Uhr, Bus 7, 27, 73 Mercat Central–Llotja

㉗ **Copernia** ist viel mehr als nur ein Laden für Mode und Schmuck. Es ist eine Kunstgalerie, in der Bilder, Kleider, T-Shirts, Ohrringe, Schuhe und Taschen hängen, die du natürlich auch kaufen kannst. Jeder Artikel ist einzigartig und hat etwas Besonderes.
Calle Bolsería 42, fb @copernia, Mo–Sa 10.00–14.00 & 17.30–21.00 Uhr, Bus 7, 27, 73 Mercat Central–Llotja

21
LA POSTALERA

21
LA POSTALERA
WWW.LAPOSTALERA.ES

5

19

19
MERCADO DE TAPINERIA
Ephemeral STORES
MERCADO DE TAPI NERIA
ESPACIO AZUL
¡EY EY EY!
POR AQUÍ TAMBIÉN ENTRAS AL LOCAL AZUL DE
MERCADO DE TAPINERIA
Y A LA IZQUIERDA TIENES EL LOCAL AMARILLO ;)
MERCADO DE TAPINERIA
ABIERTO TODOS LOS FINES DE SEMANA
OPEN EVERY WEEKEND
GASTRO ARTE
EXPERIMENTOS
WORKSHOPS
SHOW ROOMS KIDS
DECO EXPOS
ANTIGUEDADES
ACTIVIDADES
SHOW COOKINGS
MUSIC
WWW.MERCADODETAPINERIA.COM
#mercadodetapineria

(30) **@typical Valencia** ist nicht einfach nur ein Souvenirladen. Neben Paella und Orangen spielen auch das Feuerwerk *mascletà*, die Reisfelder von Albufera und die Fledermaus von Jaume I eine wichtige Rolle in der valencianischen Kultur. Die schönen, originellen Designs werden auf T-Shirts, Taschen, Deko, Puzzles, Stifte, Poster und vieles mehr gedruckt.

Calle Caballeros 10, www.atypicalvalencia.com, Mo–Di & Do–Sa 11.00–14.30 & 17.00–20.00, So 11.30–14.30 Uhr, Bus 5, 28, 95 Torres dels Serrans–Comte de Trénor

FREIZEITTIPPS

(19) Der **Mercado de Tapinería** ist ein Kooperationsverband von Malern, Designern, Musikern und anderen Künstlern, die gemeinsam diverse Immobilien mieten. Hier gibt es immer wieder Überraschungen, einen hippen Designer, der seine Objekte verkauft, eine Sängerin, die mittags beim Essen auftritt, eine Theateraufführung oder Puppenspiel für Kinder. Regelmäßig kannst du mittags an den langen Tischen Platz nehmen, um eine große Paella mit den Locals zu teilen.

Calle de la Tapinería 15–17, www.mercadodetapineria.com, Zeiten und Preise siehe Website, Bus 4, 8, 9, 11, 16, 28, 70, 71 Reina

(24) Der **Mercado Central de Valencia** ist der größte überdachte Frischmarkt Europas. Der prächtige Bau stammt aus dem Jahr 1912. Waren werden an ca. 400 verschiedenen Ständen angeboten. Die Farben der Gemüse, der Duft nach frischem Brot und Fisch, die lärmenden Händler – ein Fest für alle Sinne!

Plaza Ciudad de Brujas, www.mercadocentralvalencia.es, Mo–Sa 7.00–15.00 Uhr, Bus 7, 27, 73 Mercat Central–Llotja

(35) Der moderne Markt im Zentrum des Viertels El Carmen heißt **Mercado Mossén Sorell**. Hier kaufen die Anwohner ihr frisches Gemüse, Obst, Fleisch und Fisch. Außerdem gibt es eine gute Austernbar, an der du die Muscheln aus der Hand zu einem Glas Cava essen kannst. Oder du besuchst ein Weinlokal, in dem du verschiedene Weine der Region probieren kannst.

Plaza de Mossén Sorell, Mo–Mi 8.00–15.00, Do–Fr 8.00–15.00 & 17.00–20.30, Sa 9.00–16.00 Uhr, Bus 5, 28, 95 Blanqueria–Pare d'Òrfens

ROUTE 2

L'EIXAMPLE

INFOS ZUR ROUTE

Nach schönen Denkmälern und Museen führt dich diese Route zu tollen Läden, Restaurants und dem Leben im Viertel. Spanier treffen sich gern in einer Bar, gehen irgendwo essen, besuchen eine Vorstellung und beschließen den Abend in einer der vielen Bars oder Clubs, an denen das Viertel reich ist.

DIE VIERTEL

L'Eixample ist ein typisches Erweiterungsviertel Valencias vom Beginn des 20. Jahrhunderts. Der rechteckige Grundriss steht im Kontrast zu den vielen schmalen, krummen Gassen der Altstadt. Im Erdgeschoss der eleganten Herrenhäuser befinden sich viele Boutiquen und Restaurants, darüber schicke Appartements mit hohen Decken und marmorgeschmückten Eingangsbereichen. Hier trifft man auf den modernistischen Baustil, bei uns eher als Art Nouveau oder Jugendstil bekannt. Diese Gebäude erkennt man klar an den auffallenden botanischen Motiven in den Fassadenornamenten, den Bleiglasfenstern und Details aus Keramik. Der **Mercado Colón** ist ein schönes Beispiel für den Modernismus.

Das Viertel **Ruzafa** liegt direkt östlich der Altstadt. Bis vor Kurzem wurde diesem Viertel, in dem vor allem afrikanische Einwanderer und Chinesen leben, die auch zahlreiche Geschäfte eröffnet haben, wenig Beachtung geschenkt. Die Gegend hat in den letzten Jahren wegen der farbenfrohen Wohnungen und des dörflichen Charakters jedoch stark an Popularität gewonnen. Heute ist Ruzafa das hippste Viertel von Valencia. Die Vintage-Läden, Einrichtungsgeschäfte und Galerien junger Künstler liegen zwischen Fusion-Restaurants, Kaffeeständen, Sushibars und Theatern.

Canovas ist ein Viertel mit vielen guten Restaurants und Bars. Hier sitzt man am Wochenende noch spät mit einem *copa* (Mixgetränk) auf der Terrasse. Um den Mercado Colón liegen viele schöne Boutiquen.

Die Südostkante der Ciutat Vella hat d
wie L'Eixample. Um die alte Universitä
das Keramikmuseum **Palacio del Ma**
luxuriöse Restaurants, Ateliers und Ge
hindurchzuschlendern und sich einfach

WENIG ZEIT? DAS SIND DIE HIGHL
BAR VERMÚDEZ + MERCADO DE R
EL PATRIARCA + PALACIO DEL MA

Be

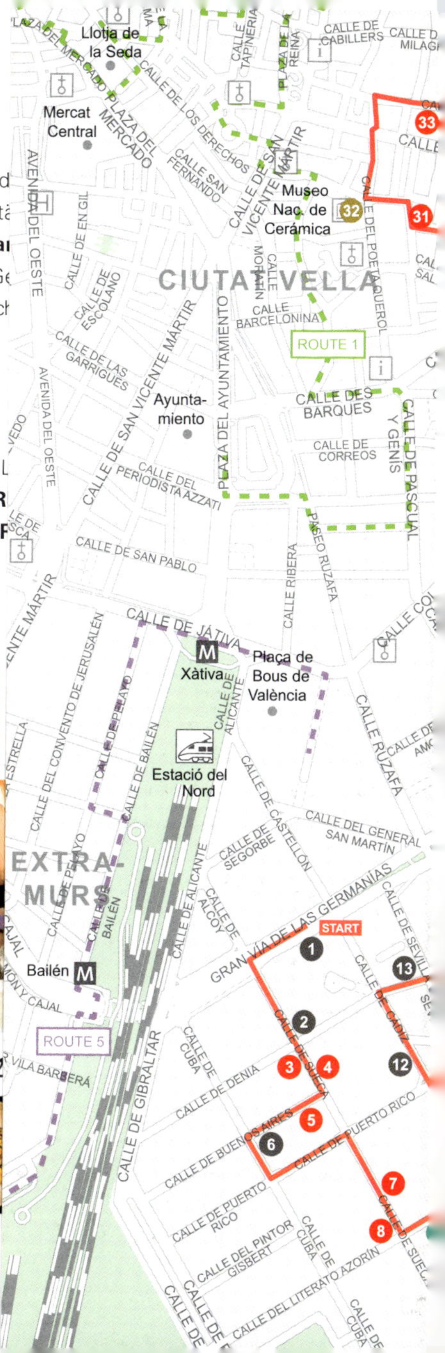

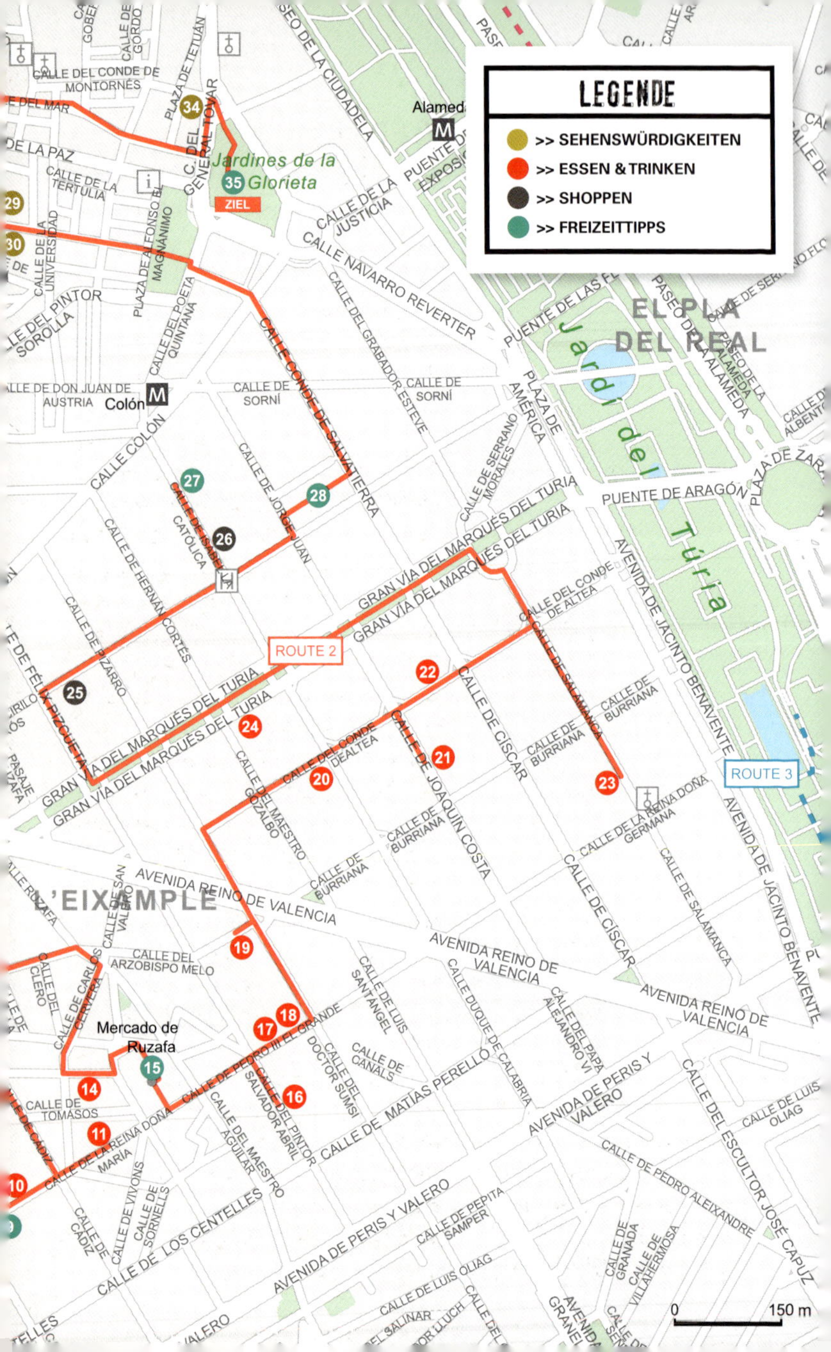
LEGENDE
>> SEHENSWÜRDIGKEITEN
>> ESSEN & TRINKEN
>> SHOPPEN
>> FREIZEITTIPPS
EL PLA DEL REAL
L'EIXAMPLE
Jardí del Túria
Jardines de la Glorieta
ZIEL
ROUTE 2
ROUTE 3
Colón
Mercado de Ruzafa
CALLE DEL CONDE DE MONTORNÉS
PLAZA DE TETUÁN
C. DEL GENERAL TOVAR
CALLE DE LA TERTULIA
PLAZA DE ALFONSO EL MAGNÁNIMO
CALLE DE LA UNIVERSIDAD
CALLE DEL PINTOR SOROLLA
CALLE DEL POETA QUINTANA
CALLE DE DON JUAN DE AUSTRIA
CALLE COLÓN
CALLE DE SORNÍ
CALLE CONDE DE SALVATIERRA
CALLE DE LA JUSTICIA
CALLE NAVARRO REVERTER
CALLE DEL GRABADOR ESTEVE
PUENTE DE LAS FLORES
PLAZA DE AMÉRICA
PASEO DE LA ALAMEDA
PUENTE DE ARAGÓN
PLAZA DE ZARAGOZA
CALLE DE SERRANO MORALES
GRAN VÍA DEL MARQUÉS DEL TURIA
CALLE DE JORGE JUAN
CALLE DE ISABEL LA CATÓLICA
CALLE DE HERNÁN CORTÉS
CALLE DE PIZARRO
CALLE DE FÉLIX PIZCUETA
CALLE DEL CONDE DE ALTEA
CALLE DE SALAMANCA
AVENIDA DE JACINTO BENAVENTE
CALLE DE BURRIANA
CALLE DE CÍSCAR
CALLE DE JOAQUÍN COSTA
CALLE DEL MAESTRO GOZALBO
CALLE DE LA REINA DOÑA GERMANA
AVENIDA REINO DE VALENCIA
CALLE DEL ARZOBISPO MELO
CALLE DE CARLOS CERVERA
CALLE DEL CLERO
CALLE DE LUIS SANTÁNGEL
CALLE DUQUE DE CALABRIA
CALLE DEL PAPA ALEJANDRO VI
CALLE DE PEDRO III EL GRANDE
CALLE DEL DOCTOR SUMSI
CALLE DE CANALS
CALLE DE MATÍAS PERELLÓ
AVENIDA DE PERIS Y VALERO
CALLE DEL ESCULTOR JOSÉ CAPUZ
CALLE DE LUIS OLIAG
CALLE DE PEDRO ALEIXANDRE
CALLE DE TOMASOS
CALLE DE LA REINA DOÑA MARÍA
CALLE DEL PINTOR SALVADOR ABRIL
CALLE DEL MAESTRO AGUILAR
CALLE DE VIVONS
CALLE DE SORNELLS
CALLE DE CÁDIZ
CALLE DE LOS CENTELLES
CALLE DE PEPITA SAMPER
CALLE DE GRANADA
CALLE DE VILLAHERMOSA
0
150 m

BESCHREIBUNG ROUTE 2 (ca. 7,1 km)

Beginn mit deiner Wanderung auf der Gran Vía de les Germanies am Geschäft für Surfbedarf 1. Lauf in Richtung Gleise und bieg links in die Calle Sueca für hippe Cowboystiefel 2 und ein Gläschen Wermut 3 oder ein Bier 4. Schlag rechts die Calle Buenos Aires ein für Kaffee 5 und geh dann links in die Calle Cuba 6. Nimm die erste Straße links und danach rechts für Tapas 7 8. Bieg links in die Calle Literato Azorín. Hier stößt du auf das relaxte Ubik Café 9, ein vegetarisches Restaurant 10 und einen Kaffeestand mit himmlischen Zimtweckchen 11. Geh ein Stück zurück und direkt rechts für Vintage 12 und bieg an der Calle Denia rechts ab für noch mehr Vintage 13. Geh weiter bis zur Kreuzung und hier links in die Calle Carlos Cervera. Bieg an der Calle Mossèn Femenia links ab und lauf an der alten *bodega* 14 entlang zur großen Markthalle 15. Spazier durch die Halle und folge der Route links durch die Calle Pedro III el Grande. Geh an der Pintor Salvador Abril nach rechts für mexikanisches Streetfood 16 und dann zurück zum La Salita 17 und einem japanischen Restaurant 18. Bieg links in die Calle del Doctor Sumsi und nimm die erste links zum Canalla Bistro 19 oder geh geradeaus weiter, überquer die Avenida Reino de Valencia und lauf in die Calle Martí hinein. Nimm dann rechts die Calle del Conde de Altea 20 und danach die dritte rechts, die Calle de Jaoquín Costa, für besondere Tapas 21. Kehr um und lauf weiter auf der Route 22. Bieg an der Calle Salamanca rechts ab für eine gemütliche Tapasbar 23 oder folge der Route nach links. Geh auf der Plaza Canovas Castillo links in die Gran Vía del Marqués del Túria. Zu deiner Linken befindet sich das Gaspar 24. Lauf weiter, geh hinüber, bieg rechts in die Calle Félix Pizcueta und dann wieder in die erste rechts 25 ein. Weiter oben links in der Calle Isabel la Catolica gibt es einen hippen Conceptstore 26 und ein besonderes Restaurant 27. Zurück in der Calle Cirilo Amoros erreichst du den Mercado Colón 28. Besichtige die Markthalle. Weiter geht es links über die Calle Conde de Salvatierra und dann geradeaus. Du gelangst an einen Park mit der Statue von Jaime I und biegst dann in die Calle de la Nave 29 30. Auf dem Platz hinter dem Restaurant Lateral 31 biegst du rechts und direkt wieder links ab. Hier siehst du links den Palast der Marqués 32. Geh auf der Calle Marqués de Dos Aguas weiter. Überquer die Calle de la Paz und bieg an der Calle del Mar rechts ab. Auf der rechten Seite kannst du herrlich italienisch essen 33. Lauf bis zum Park, bieg links ab. Geh um das Bankgebäude 34 Richtung Ausstellungseingang und überquer die Straße nach rechts zum Park Glorieta 35.

SEHENSWÜRDIGKEITEN

(29) Zum dunklen, erhabenen Kloster **El Patriarca** gehörte früher ein Seminar bzw. eine Priesterschule. Die Marmorstatue im Klosterinnenhof stellt Juan de Ribera dar, im 16. Jahrhundert Erzbischof von Valencia. Er war sehr progressiv und sorgte dafür, dass die Priester neben Theologie auch in Wissenschaften unterwiesen wurden. In der schönen Kirche finden noch vier bis fünf Gottesdienste täglich statt, dienstags, donnerstags und sonntags eine gregorianische Messe.
Calle de la Nave 1, www.patriarcavalencia.es, Führungen Mo–Fr 10.00, 11.00, 12.00, 12.30, 17.00 & 18.00, Sa 11.00, 12.00 & 12.30 Uhr, Eintritt 5 €, Eintritt + Führung 12 €, Metro 3, 5, 7, 9 Colón, Bus 6, 26, 31 Marqués de Dosaigües–Pau

(30) In **La Nau**, der ersten Universität von Valencia, wird nicht mehr unterrichtet, sondern viele kulturelle Events angeboten. Die verschiedenen Räume des quadratischen Gebäudes sind um einen Innenhof angeordnet. Wirf einen Blick in die Aula und die Kapelle. In der Bibliothek findest du das erste gedruckte Buch Spaniens.
Calle Universidad 2, fb @lanauuv, Di–Sa 10.00–14.00 & 16.00–20.00, So 10.00–14.00 Uhr, Eintritt gratis, Metro 3, 5, 7, 9 Colón, Bus 26, 31 Marqués de Dosaigües–Pau

(32) Der **Palacio del Marqués** de dos Aguas ist Sitz des nationalen Keramikmuseums. Valencia verdankt einen Großteil seines Wohlstands der Keramikindustrie. Im Museum erwarten dich faszinierende Beispiele der Fliesenkunst, für die Valencia bereits seit dem Mittelalter berühmt ist.
Calle Poeta Querol 2, culutraydeporte.gob.es, Di–Sa 10.00–14.00 & 16.00–20.00, So 10.00–14.00 Uhr, Eintritt Di–So 3 €, Samstagnachmittag gratis, Metro 3, 5, 7, 9 Colón, Bus 6, 26, 31 Marqués de Dosaigües–Pau

(34) Die **Fundación Bancaja** beherbergt Ausstellungsräume im ehemaligen Bankgebäude. In den vergangenen Jahren wurden hier unter anderem Werke von Andy Warhol, Picasso und des valencianischen Malers Sorolla ausgestellt. Das riesige Gebäude selbst ist ebenfalls einen Besuch wert.
Plaza de Tetuán 23, wwwfundacionbancaja.es, Mo 10.00–14.00, Di–So 10.00–14.00 & 17.00–21.00 Uhr, Eintritt 7 €, Metro 3, 5, 7, 9 Alameda, Bus 5, 6, 9, 11, 16, 26, 28, 31, 32, 70, 71, 81, 94, 95 Tetuán

35

32

30

4
HALL
OF
FAME
Cheers!

ESSEN & TRINKEN

③ Der rote Wermut oder Martini erlebt in Valencia ein Comeback. In der **Bar Vermùdez** erhältst du zum ersten Wermut ein kostenloses Tapa. Eine große Terrasse ist vorhanden und herrliches Roastbeef mit Rucola, Thunfischtatar und *ensaladilla rusa* (Kartoffelsalat mit Thunfisch) werden dir serviert.

Calle Sueca 16, fb @barvermudez, Tel. +34 963034774, Mo–Fr 19.00–23.00, Sa 13.00–0.00 Uhr, Preis Wermut mit Tapa 5 €, Metro 7 Estació de Bailén, Bus 7 Sueca–G. V. Germanies

④ Spanien ist noch immer das Land des Weins, Bier ist jedoch auf dem Vormarsch. Nicht nur die großen Marken profitieren vom Boom, man sieht auch immer häufiger traditionell gebrautes Bier aus Spanien. Im **Olhöps Craft Beer House** erwartet dich eine wechselnde Auswahl an Spezialbieren aus Spanien und der restlichen Welt, davon immer zehn frisch gezapft. In dieser Kneipe finden auch häufig Veranstaltungen und Livemusik statt.

Calle Sueca 21, www.olhops.com, Tel. +34 650135022, tgl. 18.30–1.30 Uhr, Preis Bier 2,50 €, Bus 7 Sueca–Puerto Rico

⑤ Das **Bluebell Coffee** ist ein Mekka für Kaffeeliebhaber. Die Kaffeebohnen werden sorgfältig ausgewählt und im eigenen Kaffeeröster geröstet. Der kleine Laden hat einen lauschigen Innenhof mit viel Grün. Ob du hier frühstückst, extra für eine Tasse Kaffee kommst oder zum Mittagessen: Lass dich von den Düften und dem Aroma des frischen Kaffees verzaubern.

Calle Buenos Aires 3, bluebellcoffeeco.com, Tel. +34 678361615, Mo–So 9.00–21.00 Uhr, Preis Kaffee 2 €, Bus 7 Sueca–Puerto Rico

⑦ Das **El Rodamón** ist ein Restaurant, das verschiedene Weine im Glas anbietet: sehr gute spanische Weine, aber auch französischen Bordeaux und einen Riesling aus dem Elsass. Auf der Tapaskarte stehen Gerichte aus aller Welt, eine vorzügliche italienische *burrata*, amerikanische Minihamburger, indisches Curry und spanische *bravas* (Kartöffelchen).

Calle Sueca 47, elrodamon.com, Tel. +34 963218014, Mo & Mi–So 14.00–16.00 & 20.30–23.30, Di 20.30–23.30 Uhr, Preis Glas Wein 3 €, Tapas 9,50 €, Bus 7 Sueca–Puerto Rico

⑧ Die Tapas bei **La Cooperativa del Mar** aus Sardinen, Anchovis, Muscheln und Thunfisch schmecken im Salat oder zum frischen Brot fantastisch. Im Schrank hinter der Bar sind Konservendosen aufgestellt, hübsch nach Farbe und Größe sortiert. Auf jeden Fall probieren: die Guacamole mit Kabeljau und *mojama* (getrockneter, gesalzener roter Thunfisch).

Calle Literato Azorín 18, fb @lacooperativadelmar, Tel. +34 963224442, Mo–Do 12.00–23.00, Sa–So 12.00–16.00 & 19.00–22.00 Uhr, Preis Tapas 6 €, Bus 7, 8 Sueca–Puerto Rico

⑩ Im Zentrum von Ruzafa liegt das moderne **Copenhagen**. Die Köche zeigen einem breiten Publikum, wie lecker vegetarisches Essen sein kann. Die Produkte, die sie verarbeiten, werden täglich frisch auf dem Markt von Ruzafa eingekauft. Die Speisekarte ist eine Hommage an Länder mit traditionell vegetarischer Küche wie Japan und Thailand.

Calle Literato Azorín 8, www.restaurantecopenhagen.es, Tel. +34 963289928, tgl. 13.30–16.00 & 20.30–23.30 Uhr, Preis Mittagsmenü 13 €, Bus 7, 8, 90 Sueca–Puerto Rico

⑪ Die *cinnamon rolls* oder Zimtschnecken im **Blackbird Café** sind himmlisch. Gebacken nach eigenem Rezept wie alle Torten, Brote, süße und herzhafte Brötchen, die du in diesem kleinen Lokal bestellen kannst. Der Besuch auf eine Tasse Kaffee und etwas Leckeres ist hier zu jeder Tageszeit eine gute Idee.

Calle Reina Maria 7 fb @blackbirdcafevalencia, Tel. +34 960051090, Mo & Mi–So 9.00–20.00 Uhr, Preis Brunch 7,50 €, Bus 7, 8 Sueca–Puerto Rico

⑭ Das **Amor Amargo** ist eine alte *bodega* im Zentrum von Ruzafa, der von vier Freunden neues Leben eingehaucht wurde. Sie entschieden sich dafür, das Restaurant möglichst in den Originalstil von 1915 zurückzuversetzen. Ein beliebter Ort bei Einheimischen. Der Name Amor Amargo („bittere Liebe") ist einem Lied des spanischen Rocksängers Bruno Lomas aus den 70er-Jahren entlehnt.

Calle Mossèn Femenia 3, insta @amor.amargo.bodega, Tel. +34 675464669, Di–Sa 12.00–0.30 & So 12.00–18.30 Uhr, Preis 15 €, Bus 6, 14, 15, 35 Mercat de Russafa

⑯ Chefkoch José Gloria der **Taqueria La Llorona** stammt aus Mexiko-Stadt. Mit seinen Gerichten, die zeitgemäß und dennoch traditionell sind, verleiht er

21

4
N°5
N°6
N°7
N°8

7

mexikanischem Streetfood eine neue Dimension. Die spezielle Inneneinrichtung des Restaurants erinnert an eine mexikanische *cantina*. Verantwortlich dafür ist das Designstudio IDEO, das sich von der Küche und Architektur Mexikos inspirieren ließ.

Calle Pintor Salvador Abril 35, www.taquerialallorona.com, Tel. +34 963287397, Di–Sa 13.30–15.30 & 20.30–23.00 Uhr, Preis Taco 3 €, Bus 6, 14, 15, 35 Mercat de Russafa

(17) Die Valencianerin Begoña Rodrigo war 2013 die erste Siegerin der US-Kochshow Top Chef aus Spanien. Ihre Karriere begann im Amsterdamer Restaurant Quoy im Marriott Hotel. Danach kochte sie in Utrecht im Karel V, das seinerzeit einen Michelin-Stern trug. Als Besitzerin und Chefköchin des **La Salita** bringt sie mit ihrer Erfahrung und Kreativität Großartiges auf die Teller. 2019 erhielt das La Salita ebenfalls einen Michelin-Stern. Wenn du Lust auf etwas Besonderes hast, bist du hier richtig.

Calle Pedro III El Grande 11, lasalitarestaurante.com, Tel. +34 609330760, Mo–Sa 14.00–17.00 & 20.00–23.00 Uhr, Preis Menü ab 97,80 €, Bus 6, 14, 15, 35 Mercat de Russafa

(18) Im Multikulti-Viertel Ruzafa darf ein japanisches Restaurant nicht fehlen. Das **Tora Taberna Japonesa** ist ein sehr gutes Sushi-Restaurant. Neben Sushi und Sashimi gibt es allerlei andere japanische Gerichte.
Calle Pedro III El Grande 13, www.toravalencia.com, Tel. +34 963119429, Di–Sa 20.30–23.30, Sushi 8 €, Bus 6, 14, 15, 35 Mercat de Russafa

(19) Das **Canalla Bistro** ist das vierte Lokal von Sternekoch Ricard Camarena in Valencia. Die Einrichtung ist industriell und die Speisen, inspiriert von Küchen weltweit, sind gut und bezahlbar. Probier das Tastingmenü mit sieben kleinen Gängen – du bekommst ganz verschiedene Gerichte, darunter zwei herrliche Desserts.
Calle del Maestro José Serrano 5, www.canallabistro.com, Tel. +34 963740509, tgl. 13.30–15.30 & 20.00–23.00 Uhr, Preis 15,50 €, Tastingmenü 34 €, Bus 19, 40 Regne de València–Lluís Santangel

(20) Einer der kreativsten Köche von Valencia ist der Deutsche Bernd Knöller im mit einem Michelin-Stern ausgezeichneten **RiFF**. Das Angebot ist eher hochpreisig, aber jedes Gericht ist ein Kunstwerk. Was hältst du von Schoko-Lasagne mit Aprikose und Minze als Dessert? Die Weinkarte ist sehr umfangreich.
Calle del Conde de Altea 18, www.restaurante-riff.com, Tel. +34 963335353, Di–Sa 13.30–15.30 & 20.30–23.00 Uhr, Preis 30 €, Bus 13, 79, 92, 93 Marqués del Túria–Mestre Gozalbo

(21) Chef Quique Dacosta erhielt 2012 den dritten Michelin-Stern für sein Restaurant in Dénia. Zwei Jahre zuvor eröffnete er in Valencia die moderne **Mercatbar**. Hier serviert er Tapas mit einem Hauch Avantgarde, z. B. Algensalat mit Curry.
Calle Joaquín Costa 27, www.mercatbar.es, Tel. +34 963748558, Mo–Fr 13.30–16.00 & 20.30–23.30, Sa 13.30–16.00 & 20.30–0.00 Uhr, Preis Tagesmenü 22 €, Bus 13 Joaquín Costa–Comte d'Altea

(22) Lust auf etwas anderes als Tapas? Probier die leckersten Gerichte aus Italien im **Lambrusquería**. Eine Empfehlung ist das *menú de la degustación*: Dann werden allerlei Herrlichkeiten zum Teilen serviert wie Pasta mit Trüffeln und Tiramisu.
Calle del Conde de Altea 31 & 36, www.lambrusqueria.com, Tel. +34 963340753, tgl. 12.00–17.00 & 20.00–0.00 Uhr, Preis Menü 20 €, Bus 13 Joaquín Costa–Comte d'Altea

(23) In der Tapasbar **La Flamenca** geht es ziemlich lautstark zu, sie ist ein geselliger Treffpunkt für Jung und Alt. Die Wände sind mit Flamencotänzerinnen bemalt. Du kannst dir an der Vitrine ein Brötchen aussuchen, das dann für dich erwärmt wird. Oder bestell hausgemachte Kroketten mit *patatas a lo pobre* (Bratkartoffeln mit Schinken und Ei).

Calle Salamanca 34, www.restaurantelaflamenca.es, Tel. +34 963815500, Mo–Sa 19.00–1.00 Uhr, Preis Tapas 9 €, Bus 25, 95 Jacinto Benavente–Borriana

(24) Das Restaurant **Gaspar** ist als schicker Gentlemanclub mit Ledermöbeln, einer langen Bar, glänzenden Details und gedämpftem Licht gestaltet. Mit Gerichten wie Entrecôte, Hummus und Salaten mit *burrata*, Rucola und sonnengetrockneten Tomaten wird jedem etwas geboten.

Gran Via del Marqués del Túria 36, gasparrestaurant.com, Tel. +34 963313870, Mo–So 13.00–16.00 & 20.00–23.00 Uhr, Preis 15 €, Bus 13, 79, 92, 93 Marqués del Túria–Mestre Gozalbo

(31) Die Terrasse des **Lateral Patriarca** zählt zu den schönsten der Stadt und liegt an einem Platz mit Orangenbäumen. Einer der weniger touristischen Orte und wunderbar für eine entspannte Tasse Kaffee. Am Wochenende kannst du hier brunchen. Außerdem gibt es sehr schmackhafte Tapas.

Plaza del Colegio del Patriarca 6, www.lateral.com/restaurantes/patriarca, Tel. +34 962567704, Mo–Mi 9.00–1.00, Do–Fr 9.00–2.00, Sa 12.00–2.00, So 12.00–1.00 Uhr, Preis Tapas 8,50 €, Bus 6, 26, 31 Marqués de Dosaigües–Pau

(33) Wenn man es nicht kennt, ist man schnell am **Al Pomodoro** vorbeigelaufen. Es liegt auch etwas abseits. Pizza, Pasta und Salate sind ausgezeichnet und nicht an spanische Maßstäbe angepasst, sondern lecker italienisch. Die belgisch-italienischen Besitzer trafen sich zum ersten Mal in London, waren von Valencia ganz verzaubert und beschlossen, in dieser Stadt ein Restaurant zu eröffnen. Es ist der kleine Bruder des La Pappardella, das zentral an der Kathedrale liegt und immer gut besucht ist.

Calle del Mar 22, pizzeriaalpomodoro.com, Tel. +34 963914800, tgl. 13.45–16.00 & 20.30–0.00 Uhr, Preis 11 €, Bus 6, 26, 31 Marqués de Dosaigües–Pau

20

4

22

22

6
GNOMO

SHOPPEN

① Wenn du beim Surfen nicht nur durch das Bezwingen der Wellen Eindruck schinden möchtest, kannst du im **Gondwana Surf Shop** einen neuen Bikini oder einen stylischen Surfanzug kaufen. Neben Surfbedarf sind hier auch sportliche Freizeitkleidung, hippe Schuhe, Uhren und Sportkameras erhältlich. Du findest Marken wie Quiksilver, Rip Curl, Billabong und Roxy.

Gran Vía Germanías 25, www.gondwanasurf.com, Mo–Fr 10.00–14.00 & 17.00–20.30 Uhr, Metro 7 Bailén, Bus 19, 40, 79, 92, 93 Germanies–Sevilla

② Auf Suche nach den ultimativen Cowboystiefeln? **Sendra** ist ein spanisches Familienunternehmen aus Albacete, das schon seit gut hundert Jahren traditionelle, qualitativ hochwertige Stiefel fertigt. Javier Sendra vertritt die dritte Generation und überrascht immer wieder mit neuen Designs. Die robusten, aber dennoch eleganten Stiefel werden weltweit verkauft.

Alle Sueca 15, sendra.com, tgl. 9.00–21.00 Uhr, Bus 7 Sueca–G. V. Germanies

⑥ Der moderne Designladen **Gnomo** verkauft individuelle Entwürfe lokaler Künstler und Designer. Einige von ihnen sind Street-Artists, die neben dem Dekorieren von Wänden und Rollläden auch schöne Gebrauchsgegenstände, T-Shirts und Wall-Prints für die Wohnung gestalten. Vergiss nicht, die Tillandsien-Kollektion zu bewundern! Diese sogenannten „Luftpflanzen" benötigen keine Erde, sondern beziehen ihre Nahrung direkt aus der Luft.

Calle Cuba 32, gnomo.eu, Mo–Sa 11.00–14.00 & 17.00–21.00 Uhr, Metro 7 Bailén, Bus 7 Sueca–Puerto Rico

⑫ Bei **Lacontra** wählen die Besitzer nur Marken aus, die nachhaltige Kleidung produzieren. Stolz und voller Idealismus präsentieren sie u. a. Kleidung der Marken Nudie Jeans, The Nude Label, Brava Fabrics, Dr. Denim und Thinking MU. Neben der umweltfreundlichen Produktion der Mode engagieren sie sich für Fair Trade und die Förderung der ortsansässigen Bevölkerung.

Calle Cádiz 38, gnomo.eu, Mo–Fr 11.00–14.30 & 17.00–21.00, Sa 11.00–21.00 Uhr, Bus 7 Cádiz–Puerto Rico

⑬ Der valencianische Künstler Marcos aus Cabanyal und seine polnische Frau Joanna betreiben den Laden **Kowalski Bellas Artes**. Hier erhältst du Malerbedarf, aber auch Bücher, Schallplatten und Antikes. Die Wände hängen voller Bilder und Fotos von Kunden und dem Paar selbst.

Calle Denia 20, www.kowalskicosasbellasartes.com, Mo–Fr 9.30–14.00 & 17.00–21.00, Sa 10.30–14.30 & 18.00–21.30 Uhr, Bus 7 Cadis–Dénia

㉕ Im **Place Shopping Center** geht dem eingefleischten Shopaholic das Herz auf. Hier gibt es über 30 Geschäfte, alle von kleinen Unternehmern, die hier individuelle Entwürfe an Mann und Frau bringen – Schmuck, Mode, Taschen und Gadgets. Aber Achtung: Wenn du nichts benötigst, gehst du besser nicht hinein! Denn es ist zu verführerisch, hier etwas zu kaufen, und sei es nur ein Souvenir oder Geschenk.

Calle Cirilo Amorós 24, placevalencia.com, Mo–Sa 10.00–14.30 & 16.30–20.30 Uhr, Metro 3, 5, 9 Xativa, Bus 6, 14, 15, 35 Fèlix Pizcueta–Ciril Amorós

㉖ Das valencianische Paar Elena und David ist Initiator des Conceptstores **Poppyns**. Der hippe Laden bietet auf einer Fläche von etwa 800 Quadratmetern exklusive Mode vor allem kleiner Designer und Accessoires, Kosmetik, Design, Gadgets, Deko und Bücher. Das Café im hinteren Bereich wird durch die Bäckerei Le Petit Brioche geführt.

Calle de Isabel la Catolica 21, poppyns.com, tgl. 10.00–21.00 Uhr, Metro 3, 5, 7, 9 Colón, Bus 5, 10, 13, 32, 81 Els Pinazo–Colón

FREIZEITTIPPS

⑨ Buchladen, Café, Kulturzentrum und Kino: Das **Ubik Café** ist alles zugleich! Auffallend ist die entspannte Atmosphäre; Menschen lesen auf alten Möbeln sitzend, Freunde diskutieren beim Glas Wein zu Tapas und in einer der Ecken wird ein Mal-Workshop veranstaltet.

Calle Literato Azorín 13, www.ubikcafe.blogspot.com, Sep–Juni Mo–Do & So 12.00–1.00, Fr–Sa 12.00–1.30, Juli–Aug Mo–Sa 19.00–2.00, So 12.00–2.00 Uhr, Tagesmenü 9,50 €, Bus 7 Sueca–Puerto Rico

15
MERCAT DE RUSSAFA

6
SANGRIA

15

6
Chapa
3€
Pack
2 postales
5€
Pack
3 chapas
8€

1

2

28
Sugerencias
MOJITO
4'90€
HAY
HORCHATA
MOJITO
4'90€

(15) Auf dem **Mercado de Ruzafa** begegnest du schon in aller Frühe den Chefköchen der örtlichen Restaurants, die ihre Zutaten besorgen. Sie möchten die frischesten Produkte ergattern, bevor jedermann hier seine Einkäufe erledigt. Dieser Markt aus dem Jahr 1957 ist etwas weniger touristisch als der Mercado Central. Vor allem für die Valencianer ist dies eine Adresse, an der es mehr als nur Einkäufe zu erledigen gilt. Sie ist zugleich Treffpunkt und der Ort, um den letzten Klatsch auszutauschen.

Plaza Barón de Cortes, www.mercatderussafa.com, Mo–Sa 7.00–15.00 Uhr, Bus 6, 14, 15, 35 Mercat de Russafa

(27) Im Restaurant **Voltereta Manhattan** erlebst du eine Zeitreise von einer normalen Straße in Valencia ins Manhattan der Goldenen 20er-Jahre. Die Bedienung ist stilvoll gekleidet und häufig gibt es Livemusik. Die Speisekarte bietet internationale Gerichte zum Teilen. Voltereta betreibt noch weitere Restaurants in Valencia, jedes mit eigenem Motto und Vibe wie Bali oder Kyoto. Reservieren ist jedenfalls ein Muss.

Calle Isabel la Catolica 11, www.volteretarestaurante.com, Mo–Mi 12.30–17.30 & 19.00–0.30, Do–Sa 12.30–0.30 Uhr, Mittagsmenü 15 €, Metro 3, 5, 7, 9 Colón, Bus 5, 10, 13, 32, 81

(28) Die ehemalige Markthalle **Mercado Colón** wurde 1914 errichtet und hat zwei große bogenförmige Eingänge mit Mosaiken. Hier kannst du auf einer der eleganten Terrassen in Ruhe einen Drink und einen Happen Essen genießen. Häufig werden Ausstellungen, Konzerte und Märkte organisiert. Auch im Untergeschoss befinden sich eine Reihe guter Restaurants und Läden.

Calle Jorge Juan 19, www.mercadocolon.es, tgl. 7.30–2.00 Uhr, Eintritt gratis, Metro 3, 5, 7, 9 Colón, Bus 13 Comte de Salvatierra – Ciril Amorós

(35) Der Park **La Glorieta** liegt am Rand der Altstadt. Hier kannst du besondere Bäume bewundern, z. B. Kanarische Kiefern, meterhohe Palmen und riesige Feigenbäume. Letztere sind besonders interessant und wurden bereits 1852 angepflanzt. Im Park kannst du auch Skulpturen valencianischer Künstler und anderer lokaler Berühmtheiten entdecken. Mitten im Park gibt es einen schönen Spielplatz und überall stehen Bänke zur Erholung vom hektischen Stadtleben.

Calle del General Palanca 4, Eintritt gratis, Metro 3, 5, 7, 9 Alameda, Bus 5, 6, 9, 11, 16, 26, 28, 31, 32, 70, 71, 81 Tetuan

ROUTE 3

CIUTAT DE LES ARTS I LES CIÈNCIES & POBLATS MARÍTIMS

INFOS ZUR ROUTE

Am Ende des Stadtparks Túria, fast am Meer, erblickst du die moderne Architektur von Calatrava. Du besuchst Hafen und Strand, an dem ehemals viele große Sportwettkämpfe abgehalten wurden, z. B. die Formel 1 und die Segelregatta America's Cup. Das frühere Fischerdorf El Cabanyal strahlt noch das authentische spanische Leben aus, alte Männer treffen sich an der Bar der Viertelskneipe, die Damen tauschen auf dem Markt den neuesten Klatsch aus.

DIE VIERTEL

Einen größeren Gegensatz kann man sich eigentlich nicht vorstellen: die modernen Bauten des valencianischen Architekten Santiago Calatrava in der **Ciutat de les Arts i les Ciències** (Stadt der Kunst und Wissenschaften) neben dem historischen Fischerdorf **El Cabanyal** in **Poblats Marítims**. Diese unterschiedlichen Welten zeigen den riesigen Unterschied zwischen Arm und Reich in der Stadt.

Die Ciutat de les Arts i les Ciències ist ein Bereich, in dem Wissenschaft und Kunst verschmelzen. Kunst in Form von Oper, Gemäldeausstellungen und Architektur. Wissenschaft im **Museo de las Ciencias** und an der Sonnenuhr im Freien. Das Viertel ist etwa 20 Jahre alt. Hier leben vor allem begüterte valencianische Familien in modernen Appartementkomplexen mit Garage, Pool und Sporteinrichtungen.

In Poblats Marítims, dem Strandviertel, scheint die Zeit stillzustehen. Ein Grund dafür sind politische Differenzen, bei denen sich zwei Parteien lange Zeit gegenüberstanden. Die eine Partei wollte Neuentwicklungen und die Fortführung einer Straße von der Stadt zum Strand. Die andere Partei hielt – mit europäischer Unterstützung – jahrelang dagegen, weil dazu ein Teil des denkmalgeschützten Viertels dem Abriss preisgegeben worden wäre. Einige Teile des Viertels sind

verfallen. Viele der traditionellen Fische
Bewohner sind alte Fischerfamilien, Ro
sche Immigranten. Dieses schillernde
rants, Geschäfte und Ateliers einen Au
Wechsel der valencianischen Regierun
tel soll instand gesetzt werden.

WENIG ZEIT? DAS SIND DIE HIGHL
L'HEMISFÈRIC + MUSEO DE LAS CI
+ PAELLA ETEN BIJ LA PEPICA + M

Much to do, more to see

Relax ;-)

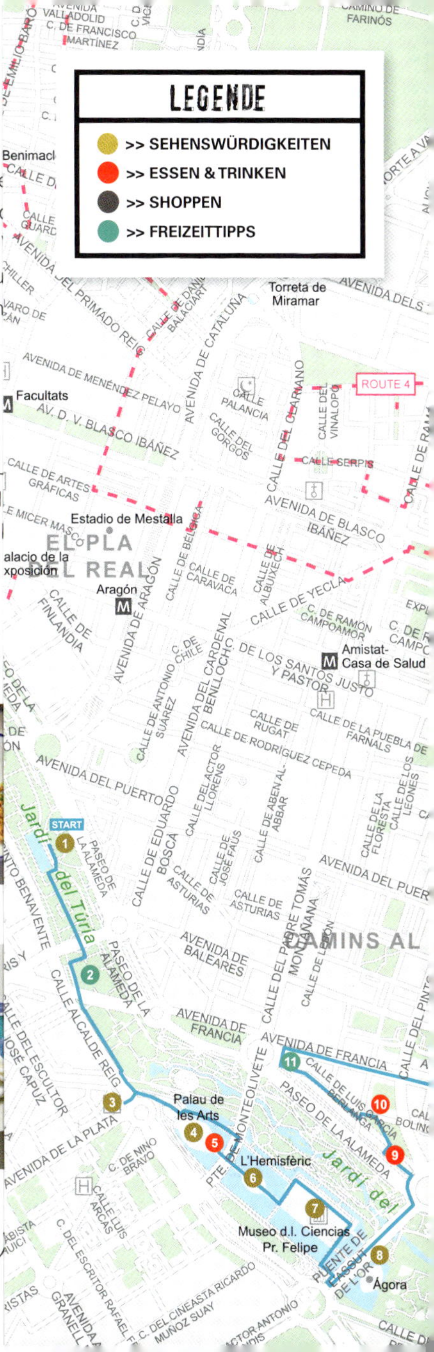

ZIEL
Mittelmeer
ALGIRÓS
POBLATS MARÍTIMS
Estadio UPV
Estació València-Cabanyal
Marítim-Serrería
Ayora
ROUTE 3
Túria
L'Oceanogràfic
CALLE DE PAVIA
PASEO MARÍTIMO
CALLE DE ISABEL DE VILLENA
AVENIDA MARE NOSTRUM
CALLE DE ARNALDO VILANOVA
CALLE DE MENDIZÁBAL
CALLE DE LA ISLA DE HIERRO
CALLE DE VICENTE LA RODA
CALLE DE SAN RAFAEL
CALLE DEL RÍO TAJO
AVENIDA DELS TARONGERS
AVENIDA LA MALVARROSA
CALLE DE ANTONIO PONZ
CALLE DE CAVITE
CALLE DEL INGENIERO FAUSTO ELIO
CAMINO DE FARINÓS
CAMINO DE VERA
CALLE DE ALBALAT DELS TARONGERS
CALLE SERPIS
CAMINO DEL CABANAL
CALLE DE CAMPILLO DE ALTOBUEY
CALLE DE LUIS PEIXÓ
CALLE DEL CONDE DE OLIVA
CALLE DEL PINTOR FERRANDIS
CALLE DE BENIOPA
C. DE LA REINA
CALLE DEL DOCTOR LLUCH
C. DE EUGENIA VIÑES
AVENIDA DE BLASCO IBÁÑEZ
CALLE DEL ALGUER
C. DE PEDRO DE VALENCIA
CALLE DE LA SERRERÍA
C. DE LOS SANTOS JUSTO Y PASTOR
CALLE DE JERÓNIMO DE MONSORIU
CALLE DE VICENTE BRULL
C. DEL ROSARIO
C. DE ESCALANTE
C. DEL ARQUITECTO ALFARO
C. DE FRANCISCO CUBELLS
C. DEL DOCTOR MARCOS SOPENA
PASEO DE NEPTUNO
C. DE JOSÉ AGUIRRE
C. DEL DOCTOR JUAN JOSÉ DOMINE
AVENIDA DEL PUERTO
CALLE ISLAS CANARIAS
AVENIDA DE BALEARES
CALLE DE MENORCA
CALLE DE JUAN VERDEGUER
AVENIDA DE FRANCIA
AV. DEL INGENIERO MANUEL SOTO
CALLE DE LUIS GARCÍA BERLANGA
PASEO DE LA ALAMEDA
CALLE SUIZA
0
250 m

BESCHREIBUNG ROUTE 3 (ca. 13,4 km)

Los geht es am Palau dela Música 1. Spazier durch den Túria-Park 2 und verlass das Flussbett am Museo Fallero 3. Überquer die Calle Alcalde Reig und lauf zum Palau de les Arts 4. Geh die Treppe hinunter und links um das Gebäude herum, das du unter dem Punkt Contrapunto 5 findest. Geh zum Kino 6 und dann weiter zum Wissenschaftsmuseum 7. Halte dich für schöne Panoramablicke rechts. Verlass das Flussbett wieder. Oben gehst du nach links über die Brücke 8. Hinter der Brücke folgst du dem Kreisverkehr links. Parallel zum Flussbett geht es links zum Mittagessen 9 10 und zu sportlichen Aktivitäten 11. Bieg rechts in die Avenida de Francia ein, ganz an ihrem Ende links und an der Tankstelle rechts. In der Calle Juan Verdeguer liegt rechts Las Naves 12. Geh weiter bis zur Calle de Bello und hier links. Überquer die Avenida de Puerto und lauf in die Calle del Cristo del Grao, rechts liegt LaPeseta 13. Weiter geht es zur Calle Francisco Cubells, geh dort nach rechts. Überquer den Kreisverkehr Richtung Wasser und bieg dann links in die Calle Marina Real Jean Carlos I. Links, versteckt unter einem großen Baum, kannst du Tapas essen 14. Weiter oben liegt der Katamaran meist schon zur Abfahrt bereit 15. Bewundere das moderne Gebäude Veles e Vents 16 und die Aussicht von oben. Lauf über die Pier an den Restaurants entlang und am Ende über die Holztreppe nach unten. Zwischen Pier und Strand liegt der Marina Beach Club 17. Lauf weiter Richtung Boulevard 18. Bieg nach dem Hotel Las Arenas 19 links ab und geh in das Viertel hinein. Folge der Avenida Mediterráneo 20 bis zum Markt von Cabanyal 21. Geh zurück durch die Avenida Mediterráneo und rechts in die Calle del Rosario, dann direkt wieder links 22. Bieg rechts in die Calle del José Benlliure und am Casa Montaña 23 wieder rechts ab. Etwas weiter befindet sich eine *bodega* 24. Geh links in die Calle Ernesto Anastasio für ein Restaurant mit schöner Außengastronomie 25. Weiter geht es links in die Calle Maria Cuber hinein und an der Casa Guillermo 26 links in die Calle del Progreso. Bieg rechts in die Calle Justo Vilar, um einen Antikladen 27 und ein Modegeschäft 28 zu besuchen. Jetzt geht es links in die Calle de la Reina 29 30. Geh weiter nach Batisfera 31 oder rechts in die Calle Pescadors. Geh weiter bis zur Calle de Pavía und dort links. Links liegt La Fabrica de Hielo 32 und weiter oben eine Surfschule 33. Bieg an der Calle Pintor Ferrandis nach links 34 und dann in die Calle Doctor Lluch wieder rechts ab 35. Lauf zurück zu Boulevard und Strand. Am Ende des Stadtstrands von Valencia beginnt der Strand von Patacona. Lass den Rundgang bei einem Drink mit gutem Essen ausklingen 36 37.

SEHENSWÜRDIGKEITEN

① Der **Palau de la Música** ist das Konzerthaus von Valencia. Seit 1987 sind hier bereits viele große Musiker aufgetreten. Manchmal werden kostenlose Konzerte des valencianischen Orchesters gegeben. Hinter dem Bau, im ehemaligen Flussbett, werden um den großen Springbrunnen Open-Air-Vorstellungen wie Klassikkonzerte oder Filme im temporären Freilichtkino geboten.

Paseo de la Alameda 30, www.palauvalencia.com, tgl. 10.30–13.30 & 17.30–21.00 Uhr, Eintritt Konzerthaus gratis, Programm siehe Website, Metro 3, 5, 7, 9 Alameda, Bus 94 Albereda–Palau de la Música

③ Las Fallas ist das größte Fest von Valencia. In großen Hallen werden haushohe Puppen aus Holz und Pappmaché gefertigt. Beim Fest werden sie auf Plätzen und an Kreuzungen aufgestellt. Die Fallas-Clubs feiern an ihnen das Fest und verbrennen die Kreationen zum Finale am 19. März. Einen Eindruck dieser spektakulären Veranstaltung liefert das **Museo Fallero**.

Plaza de Monteolivete 4, www.fallas.com, Di–Sa 10.00–19.00, So 10.00–14.00 Uhr, Eintritt Di–Sa 2 €, So gratis, Bus 15, 25, 95 Montolivet–Pere Aleixandre

④ Der **Palau de les Arts Reina Sofía** wurde vom weltberühmten Architekten Santiago Calatrava aus Valencia entworfen. Das 2005 eröffnete Gebäude ist etwa 75 Meter hoch. Mit zwei großen Sälen und gut 1400 Sitzplätzen sowie zwei weiteren, kleineren Sälen ist es das größte Opernhaus Europas. Englischsprachige Führungen finden täglich statt.

Avenida del Professor López Piñero 1, www.lesarts.com, Führungen Mo–Sa 10.45, 12.00, 13.30, 15.45, 17.00, So 10.45, 12.00, 13.30 Uhr, Preis Führung 11 €, Metro 3, 5, 7, 9 Alameda, Bus 13, 15, 25, 95 Professor López Piñero–Institut Obrer de València

⑥ **L'Hemisfèric** wird auch „das Auge der Weisheit" genannt. Die Außenschale kann geöffnet werden. Bei Dunkelheit und Beleuchtung ist im Wasser ein reizvolles Spiegelbild sichtbar. Im Inneren befindet sich ein IMAX-Kino, das auch als Planetarium eingesetzt wird. Dann erscheint der Sternenhimmel auf der Leinwand.

Avenida del Professor López Piñero 3, www.cac.es, tgl. 11.00–21.00 Uhr, Eintritt 8 €, Metro 3, 5, 7, 9 Alameda, Bus 13, 15, 25, 95 Professor López Piñero–Institut Obrer de València

Modern architecture

⑦ Das Gebäude des Wissenschaftsmuseums, des **Museo de las Ciencias**, ähnelt dem Skelett eines Wals. Eigentlich ein interaktives Museum für Kinder, aber auch für Erwachsene interessant. Mit eigenen Experimenten lernt man spielerisch alles über Wissenschaft.

Avenida del Professor López Piñero 7, www.cac.es, täglich im Winter 10.00–19.00, Sommer 10.00–21.00 Uhr, Eintritt 8 €, Bus 94 Albereda (Riu)–Museu de les Ciències

⑧ In Valencia ist die moderne Brücke **Assut de l'Or** wegen ihrer Form besser bekannt als El Jamonero („Hamsterrad"). Sie ist eine von fünf Brücken, die der Architekt Calatrava über dem ehemaligen Flussbett angelegt hat. Mit ihrer Höhe von 125 Metern ist sie das höchste Bauwerk der Stadt. Die Brücke schlägt damit den Torre de Francia (115 Meter) und das Meliá Hotel (118 Meter).

Pont l'Assut de l'Or, Bus 94 Albereda (Riu)–Museu de les Ciències

⑯ Der markante Bau **Veles e Vents** vedankt seinen Namen den gleichnamigen Versen des spanischen Dichters Ausiàs March. Er wurde 2007 vom britischen Architekten David Chipperfield für den America's Cup entworfen und diente damals

als Aussichtsturm. Jetzt beherbergt er Restaurants und ein Kunstzentrum, in dem regelmäßig Livemusik und kleine Ausstellungen organisiert werden.

Muelle de la Aduana, www.veleseventsvalencia.es, erste Etage immer geöffnet (von außen erreichbar), Straßenbahn 8 Marina Reial Joan Carles I, Bus 95 Marcos Sopena–Eugènia Viñes

(30) In einem Gebiet von ungefähr einem Quadratkilometer stehen über 550 denkmalgeschützte Gebäude. Diese **Casas del Cabanyal** sind eine Hommage an 130 Jahre spanische Architektur. Auffallend sind die über 200 verschiedenen Fliesen, mit denen die Fassaden verkleidet sind. Die Architektur besteht aus einem Mix aus traditionellen *barracas*, früher mit Reetdächern, um 1840 und dem Modernismus. Die Gebäude wurden zwischen 1880 und 1940 erbaut.

Viertel Cabanyal, z. B. in der Calle de la Reina, Bus 19, 92 Reina–Pescadors

ESSEN & TRINKEN

(5) Das Restaurant **Contrapunto Les Artas** befindet sich im spektakulären Palau de les Arts Reina Sofía des Architekten Santiago Calatrava. Die Einrichtung ist geradlinig und gleichzeitig anheimelnd. Die Gerichte sind jedes für sich Kunstwerke. Die Operkünstlerinnen und -künstler sind hier oft nach den Vorstellungen zu Gast.

Palau de les Arts Reina Sofía, Avenida del Professor López Piñero 1, www.restaurantecontrapuntolesarts.com, Tel. +34 6 7 53 65474, Mo–Do 12.00–0.00, Fr–Sa 12.00–2.00, So 12.00–17.00 Uhr, Preis 20 €, Metro 3, 5, 7, 9 Alameda, Bus 13, 15, 25, 95 Professor López Piñero–Institut Obrer de València

(9) Das Wohnviertel, in dem das italienische Restaurant **Al Solito Posto** liegt, wurde zeitgleich mit der Ciutat de les Arts i les Ciències erbaut und ist heute etwa 20 Jahre alt. Das Restaurant mit Bäckerei hat herrliches Brot und gute Pizza. Frag auch nach dem günstigen Tagesmenü.

Paseo de la Alameda 49, www.alsolitoposto.es, Tel. +34 963614340, tgl. 8.00–0.00 Uhr, Preis 12 €, Bus 94 Albereda (Riu)–Museu de les Ciències

(10) Wenn du die griechische Küche liebst, solltest du das **Kreas** besuchen. Klassische Gerichte wie Moussaka, Mixed Grill, Dolmadakia, Tzatziki und Baklava

schmecken hier ausnahmslos ausgezeichnet. Das kleine Lokal hat eine große Terrasse und die freundliche griechische Bedienung stellt dir die Karte gern vor.
Calle Escultor Luis Bolinches 3, fb @kreasgriego, Tel. +34 962063299, Di–So 11.00–16.00 & 19.00–0.00 Uhr, Preis 15 €, Bus 1, 19 Franga–Albereda

⑬ Die Pesete ist in Spanien seit Langem kein Zahlungsmittel mehr, aber trotzdem hält man in der **Bodega LaPeseta El Grao Valencia** an Traditionen fest. Jeden Tag gibt es ein Special nach Großmutters Rezept wie *tortilla de patata* (Kartoffelomelett) oder ein typisch valencianisches Reisgericht. Diese Bar ist bei Hipstern und Anwohnern beliebt. Früher befand sich hier eine Apotheke und der Medikamentenschrank ist jetzt mit Weinflaschen gefüllt.
Calle Cristo del Grao 16, fb @bodegalapeseta.elgraovalencia, Tel. +34 637860528, Mo–Fr 19.30–0.30, Sa–So 12.30–16.30 & 19.30–0.30 Uhr, Preis Tapas 5 €, Metro 5, 7 Marítim Serrería, Straßenbahn 6, 8 Marítim Serrería, Bus 4, 19, 30, 92 Port–Pare Porta

⑭ Das Restaurant **La Aduana** liegt verborgen im Schatten eines großen Feigenbaums. Weg vom Trubel der viel größeren Restaurants am Boulevard kannst du hier Tapas oder ein schönes Gericht genießen. Wähl z. B. frischen Fisch vom Grill oder in Salzkruste.
Plaza de la Aduana, restauranteaduana.es, Tel. +34 963672677, Di–Sa 7.00–16.00 & 20.30–23.00, So 9.00–16.00 Uhr, Preis 14 €, Straßenbahn 8 Marina Reial Joan Carles I, Bus 95 Marcos Sopena–Eugènia Viñes

⑰ Nach einem aktiven Tag kannst du im hippen **Marina Beach Club** die Seele baumeln lassen. Von den großzügigen Lounge-Stühlen am Pool blickst du über den Boulevard und den Sandstrand von Valencia. Frag im Restaurant nach der Sushi-Karte oder der spanisch-mediterranen Karte. An den Abenden am Wochenende und täglich im Sommer kannst du hier endlos zur Musik der DJs tanzen.
Marina Real Juan Carlos I, marinabeachclub.com, Tel. +34 961150007, tgl. 11.00–4.00 Uhr, Preis 15 €, Straßenbahn 8 Marina Reial Joan Carles I, Bus 95 Marcos Sopena–Eugènia Viñes

⑱ Schon seit 1898 wird im **La Pepica** Paella serviert. König Alfonso der 13. erteilte die Genehmigung zum Bau des Holzhauses. Mittlerweile ist das Restaurant an den Boulevard umgezogen. Hemingway hat hier gespeist und voller Lob

23
CASA MONTAÑA
CASA MONTAÑA
Fundada en 1836
Tienda de Vinos de Marca y a Granel
Licores, Cavas y Tapas Selectos

36

17

18
PEPICA

24

darüber geschrieben. Später folgten noch viele weitere Berühmtheiten wie das spanische Königspaar, bekannte Fußballer und Stierkämpfer. Die Fotos an den Wänden zeugen von ihren Besuchen. Wirf auch einen Blick in die offene Küche, es ist toll, zu sehen, wie die Paella in den großen Pfannen zubereitet wird.
Avenida Neptuno 6, www.lapepica.com, Tel. +34 963710366, tgl. 13.00–15.30 & 20.30–22.30 Uhr, Preis 18 €, Straßenbahn 8 Marina Reial Joan Carles I, Bus 95 Marcos Sopena–Eugènia Viñes

(22) In Valencia ist es völlig normal, am frühen Nachmittag eine warme Mahlzeit draußen zu sich zu nehmen. Das muss nicht teuer sein, wie das **Ca la Mar** beweist. Die Besitzer dieses Restaurants sind drei Freunde. Sie wechseln einander in der Küche ab und bereiten einfache, aber ausgezeichnete Gerichte und Tapas zu. Dabei verarbeiten sie häufig regionale Zutaten, direkt vom Markt. Das gemütliche Restaurant hängt voller Gemälde lokaler Künstler, die du auch erwerben kannst.
Calle de Justo Vilar 19, fb @calamarcabanyal, Tel. +34 963259827, Di–Mi & Fr–So 11.00–1.00, Do 9.00–1.00 Uhr, Preis 8 €, Bus 32 Mediterrània–Vicent Brull

(23) Die *bodega* **Casa Montaña** ist eine kulinarische Oase inmitten dieses Viertels. Im Barbereich kannst du Tapas verspeisen und dazu herrlichen Wein trinken, der aus großen Fässern gezapft wird. Anwohner bringen leere Flaschen zum Auffüllen mit. Du musst unter der Bar durchtauchen, um ins Restaurant zu gelangen.
Calle José Benlliure 69, www.emilianobodega.com, Tel. +34 963672314, Mo–Fr 13.00–16.00 & 20.00–23.30, Sa 12.30–16.00 & 20.00–23.30, So 12.30–16.00 Uhr, Preis Tapas 5,50 €, Straßenbahn 6 Mediterrani, 6, 8 Grau-Canyamelar, Bus 19, 92 Reina–Vicent Gallart

(24) Um besondere Delikatessen wie Bries mit Knoblauch oder Thunfisch vom Grill mit *titaina* (eine Sauce aus Tomate, Paprika, Pinienkernen, Knoblauch und Thunfisch) zu probieren, ist die **Bodega Anyora** *the place to be*. Die Einrichtung ist gemütlich-ländlich mit getrockneten Kräutern über der Bar.
Calle Vicente Gallart 15, anyora.es, Tel. +34 963558809, Di–Sa 13.00–16.00 & 20.00–23.30 Uhr, Preis Tapas 8 €, Metro 5, 7 Marítim Serrería, Straßenbahn 6, 8 Marítim Serrería, Bus 32, 99 Serradora–Poliesportiu

(25) Die **Líndala Restobar** ist das Restaurant des gleichnamigen Hotels. Eine angenehme Überraschung in einem etwas verfallenen Teil des Viertels Cabanyal. Hier kannst du den ganzen Tag verbringen und es gibt einen schönen Innenbereich. Auf der wechselnden Speisekarte stehen originelle, gesunde Gerichte. Außerdem gibt es ein Mittagsmenü zum fairen Preis.
Calle Anesto Anastasio 46, www.lindalavalencia.com, Tel. +34 648752449, Di 9.00–18.00, Mi–Sa 9.00–0.00, So 9.00–0.00 Uhr, Preis 15 €, Metro 5, 7 Marítim Serrería, Bus 1, 99 Serradora–Poliesportiu

(26) Das **Casa Guillermo** wird auch *El Rey de la Anchoa* („König der Anchovis") genannt. Die Anchovis solltest du daher auch unbedingt probieren, aber es gibt noch viel mehr wunderbare Tapas wie das einfache *tomate Valenciano*, Manchego-Käse mit Rosmarin und *ajoarriero* (Kartoffelbrei mit Knoblauch und Weißfisch). Auf der Karte stehen viele offene Weine, die dazu passen. Die Besitzerin Amparo hat das 1957 gegründete Restaurant von ihren Eltern übernommen.
Calle del Progreso 15, casaguillermo1957.com, Tel. +34 963679177, Mo–Sa 9.00–15.30 & 19.30–23.00 Uhr, Preis Tapas 3,50–16,50 €, Metro 5, 7 Marítim Serrería, Straßenbahn 6, 8 Grau Canyamelar, Bus 19, 92 Reina–Armada Espanyola

(34) Das **Mercabanyal** ist ein hipper Hang-out für Surfer, ideal, um nach einem Tag voll Sonne, Meer und Strand zu relaxen. Du suchst dir ein Plätzchen im Garten, der von einer Mauer umgeben ist, und bestellst an den verschiedenen Ständen ein Getränk zu Tapas, einer Pizza oder etwas anderem – du hast große Auswahl.
Calle Eugenia Viñes 225, www.mercabanyal.com, Di–Mi 13.00–17.00, Do–Fr 13.00–0.00, Sa–So 11.00–0.00 Uhr, Preis Tagesmenü 12,50 €, Straßenbahn 4, 6 La Cadena, Bus 32 Eugenia Viñes–Platja Malva-Rosa

(35) Zwischen Frühstück und Mittagessen nehmen die Spanier eine zusätzliche Mahlzeit ein, *almuerzo*, – Baguette, warm oder kalt belegt. Die **Bodega La Pascuala** ist für große Portionen und kleine Preise bekannt. Wenn du ein Baguette bestellst, erhältst du ein üppig gefülltes Exemplar. Gegen 11 Uhr morgens stehen die Beschäftigten der Umgebung Schlange, um ihre Pause hier zu verbringen.
Calle del Doctor Lluch 299, fb @bodegalapascuala, Tel. +34 963713814, Mo–Sa 9.00–15.30 Uhr, Preis halbes Baguette 4,50 €, Straßenbahn 4, 6 La Cadena, Bus 19, 31, 92 Dr. Lluch–Vicent Guillot

(36) Im **La Girafe** hast du das Gefühl, auf Safari zu sein. Der ausgebaute Bus inmitten des Ladens dient als Küche und Bar. Im Garten steht eine riesige Giraffe, zwischen den Bäumen hängen Hängematten und eine Holzhütte mit Reetdach fungiert als zweite Bar. Crêpes und Galettes sind hier die Spezialitäten.
Avenida Mare Nostrum 10, fb @lagirafepatacona, Tel. +34 963684412, Mo & Mi 12.30–17.00, Do 12.30–17.00 & 19.00–0.00, Fr 12.30–0.00, Sa–So 10.00–0.00 Uhr, Preis 10 €, Bus 32 Passeig Marítim–Mendizábal

(37) Am Ende des Stadtstrands von Valencia beginnt der Strand von Patacona. Hier liegt das Restaurant **La Más Bonita.** Die türkise Farbe ist wichtiger Bestandteil des Gebäudestils. Vor dem Restaurant befindet sich eine Terrasse mit Blick auf Strand und Meer, aber im Garten hinter dem Gebäude sitzt man fast noch schöner. Auf einer Lounge-Bank, im Schatten der Bäume, kannst du hier den ganzen Tag verbringen. Frühstück mit Joghurt, Granola und frischem Obst, mittags ein Salat mit Quinoa und Gemüse oder ein *tostada* zum Glas mit frischem Saft. Zum Kaffee genießt du ein Stück Kuchen, z. B. *Red Velvet* oder *Chocorgasmo*.
Paseo Marítimo de la Patacona 11, www.lamasbonita.es, Tel. +34 961143611, tgl. 8.00–1.30 Uhr, Preis Stück Kuchen 5 €, Bus 31 Mare Nostrum–Illa de Tabarca

36

29

28

27

SHOPPEN

(27) **Les Borumballes** ist ein netter Antikladen. Hier gibt es Figuren, kleine Gemälde und Möbel aus den alten Häusern von Cabanyal. Es werden auch Workshops zum Restaurieren organisiert, bei denen du ein Möbelstück aufhübschen kannst.
Calle de Justo Vilar 40, lesborumballes.es, Mo 17.00–20.00, Di–Fr 10.00–13.30 & 17.00–20.00, Sa 10.00–14.00 Uhr, Metro 5, 7 Marítim Serrería, Straßenbahn 4, 6 Dr. Lluch, Bus 32 Mediterránia–Vicent Brull

(28) **La tienda de GEMMA** ist ein charmantes Geschäft für Damenmode. Gemma ist eine freundliche Dame mit Leidenschaft für Mode. Die Accessoires sind bezahlbar und auch als Mitbringsel ideal.
Calle Barraca 76, www.gemmavalencia.es, Mo–Fr 10.00–13.30 & 17.00–20.30, Sa 10.00–13.30 Uhr, Bus 19, 92 Dr. Lluch–Mare de Déu del Sufragi

(29) Sonnenbrille vergessen? Kein Problem, eine neue bekommst zu bei **Óptica Meseguer**. Hier gibt es modische Marken wie Gucci und Retrosuperfuture. Das Optikergeschäft befindet sich in einem monumentalen Gebäude. Wirf auch einen Blick auf die aparte Kirche direkt nebenan.
Calle de la Reina 100, www.opticameseguer.es, Mo–Fr 9.30–13.30 & 17.00–20.00, Sa 10.00–13.30 Uhr, Bus 19, 92 Reina–Columbretes

FREIZEITTIPPS

(2) Wo früher der Fluss Túria verlief, befindet sich jetzt ein multifunktionaler Park, der **Jardín del Túria**. Er ist neun Kilometer lang und bietet verschiedene Sportplätze, einen Tierpark und Spielplätze wie den **Parque Gulliver** mit einem Klettergerät in Form des liegenden Riesen Gulliver. Die Kinder bzw. Liliputaner können den Riesen mit Seilen erklimmen und über seinen Gürtel und die Schuhe wieder nach unten rutschen. Der Jardín del Túria ist einer der größten Stadtparks Spaniens und perfekt zur Erkundung mit dem Fahrrad.
Zwischen Puente Angel Custodio und Puente del Reino, tgl. Juli–Aug 10.00–14.00 & 17.00–21.00, Sep–Juni 10.00–20.00 Uhr, Eintritt gratis, Metro 3, 5, 7, 9 Alameda, Bus 19, 40, 94 Albereda–Pont Angel Custodi

⑪ Spanier sind meist recht sportlich. Am Strand und in den Parks begegnen dir viele Jogger und Radfahrer. Mach mit und werde in einer der Sportarten beim **Fit In Valencia** aktiv. Vielleicht eine Yogastunde im Freien, eine Radtour in oder außerhalb der Stadt, eine Segel- oder Surfstunde oder eine Runde Beachvolleyball ...
Avenida de Francia 2, Puerta 18, www.fitinvalencia.com, tgl. nach Vereinbarung, Preis Radtour 25 €, Bus 94 Albereda (Riu)–Museu de les Ciències

⑫ Das Kulturzentrum **Las Naves** ist Ausstellungsraum mit Theater und einer netten Bar. Außerdem gibt es eine Bibliothek mit Schwerpunkt auf Innendesign und Architektur. Die Bücher werden nicht ausgeliehen, aber du kannst im großen, ruhigen Lesesaal hineinschauen. Das Programm findest du auf der Website.
Calle de Juan Verdeguer 16, www.lasnaves.com, Mo–Sa 8.30–21.00 Uhr, Bus 4, 19, 30, 92 Joan Verdaguer–Pare Porta

⑮ Zieht es dich hinaus auf's Wasser? Mit **Mundo Marino** segelst du gen Sonnenuntergang aus dem Hafen und kannst mit einem Glas Cava in der Hand die Sonne hinter der Stadt untergehen sehen. Ein Tipp für echte Romantikerinnen und Romantiker. Natürlich kannst du auch zu anderen Tageszeiten hinausfahren, z. B. in Kombi mit Mittagessen an Bord.
Calle Muelle de la Aduana s/n, www.mundomarino.es, Zeiten siehe Website, Preis Segeltörn bei Sonnenuntergang 22 €, Straßenbahn 8 Marina Reial Joan Carles I, Bus 95 Marcos Sopena–Eugènia Viñes

⑲ Das einzige Fünf-Sterne-Luxushotel **Las Arenas** liegt direkt am Strand. Es hat 253 Zimmer, einen großen Garten mit einer Fläche über 8000 m^2 und einen Außenpool aus dem Jahr 1933, als das Hotel noch Resort war. Auch wenn du hier nicht übernachtest, kannst du dich im Spa **Balneario Las Arenas** verwöhnen lassen. Nimm Badekleidung mit, in der Sauna und im Spa ist man hier immer bekleidet. Oder genieß eine Tasse Kaffee im Garten mit Aussicht auf das Meer.
Calle de Eugenia Viñes 22–24, www.hotelvalencialasarenas.com, tgl. 9.00–21.00 Uhr, Preis Spa 28 €, Straßenbahn 4, 6 Les Arenes, Bus 32 Eugènia Viñes–Mare de Déu del Sufragi

⑳ Möchtest du mehr zur Geschichte des alten Fischerdorfs Cabanyal und den Alltag dort erfahren? Dann buch eine Führung bei **Paseando por los Poblados**

2

15

32
TURIA

2

de la Mar. Dein Guide Marga stammt aus diesem Viertel und kann viel darüber berichten. Sie spricht Spanisch und Englisch.

Plaza Cruz Canyamelar, www.pobladosdelamar.com, geöffnet nach Vereinbarung, Preis Führung 12 €, Bus 32 Mediterránia–Vicent Brull

(21) Ein Koch wird sich auf dem authentischen, überdachten Frischmarkt **Mercado Cabanyal** wie ein Kind im Süßwarenladen fühlen. Hier gibt es zum Beispiel getrockneten Schinken, saisonales Gemüse, Obst und frischen Fisch. Lass dir ein Päckchen Schinken einschweißen und nimm es mit nach Hause!

Calle Martí Grajales 4, www.mercadocabanyal.es, Mo–Sa 7.00–14.30 Uhr, Bus 32 Mercat el Cabanyal – Martí Grajales

(31) Gesellig, charmant und ein bisschen alternativ: Das ist **La Batisfera Librería.** Der Bücherschrank im kleinen Buchladen an der Gebäudefront sorgt für eine warme Atmosphäre. Im Café werden oft kleine Konzerte, Workshops und Lesungen organisiert. Es hat etwas von einem Nachbarschaftshaus oder Wohnzimmer. Buch eine Malstunde oder komm auf ein Glas lokales Bier hierher.

Calle de la Reina 167, fb @labatisfera.cafeterialibreria, Mo & Mi–Fr 10.30–14.30 & 16.30–21.30, Sa 12.00–22.00, So 12.00–21.00 Uhr, Preis Hauptgericht 9 €, Bus 19, 92 Dr. Lluch–Pescadors

(32) **La Fabrica de Hielo** ist heute Kulturzentrum und war früher eine Eisfabrik. Die Fischer und die Restaurants vor Ort verwendeten dieses Eis zur Kühlung. In der großen Halle befinden sich heute eine kleine Bar, ein Ausstellungsraum und ein Bühnensaal für regelmäßige Auftritte. Überall sind antike Möbel und kleine Sessel verteilt, in denen du wunderbar chillen kannst.

Calle Pavia 37, www.lafabricadehielo.net, Mo–Fr 17.00–1.00, Sa 11.00–1.30, So 11.00–0.30 Uhr, Programm und Preise siehe Website, Straßenbahn 4, 6 Les Arenes, Bus 32 Passeig Marítim–Pescadors

(33) Wenn du die Meereswellen aktiv genießen möchtest, mietest du ein Surfbrett bei **Surf Las Arenas** am Boulevard. Oder ein SUP-Board, wenn die See ein bisschen ruhiger ist. Wenig Erfahrung? Du kannst auch Stunden nehmen.

Calle Pavia 85, www.surflasarenasvalencia.com, geöffnet nach Vereinbarung, Preis SUP-Stunde 25 € für 1,5 Stunden, Straßenbahn 4, 6 Les Arenes, Bus 32 Passeig Marítim – Pescadors

ROUTE 4

BENIMACLET & UNIVERSITAT

INFOS ZUR ROUTE

Diese Route bietet dir einen anderen Blickwinkel auf die Stadt. Hier lernst du nicht nur die touristischen Highlights, sondern vor allem den Alltag der Einheimischen kennen. Freitags ist Markt in Benimaclet, rund um die Uni herrscht Geschäftigkeit und donnerstagabends ist in der Partymeile um die Plaza Honduras und Plaza des Xúquer alles mit Studierenden gefüllt.

DIE VIERTEL

Rund um das historische Zentrum von Valencia liegen verschiedene Viertel, die früher eigenständige Dörfer waren. **Benimaclet** mit seinem altem Dorfkern gehört dazu. Auch wenn sich viel verändert hat, das Dorfgefühl ist über die Jahre geblieben. Jeden Freitag ist Markt, am Wochenende sind die Terrassen an der Hauptstraße gut besucht, Kinder spielen auf der Straße und im Sommer kann es passieren, dass auf dem autofreien Kirchplatz spontan der beliebte Lindy Hop getanzt wird. Im Viertel liegen viele schöne Buchläden, kreative Ateliers, Ausstellungsräume und Bioläden. Die Literaturcafés, kleine Podien für Stand-up-Comedy und Mikrotheater sind hier bis tief in die Nacht geöffnet. Benimaclet hat außerdem eine der besten Metro- und Straßenbahnanbindungen der Stadt. Hier kreuzen sich mehrere Linien und du kannst ohne Umwege zum Flughafen, ins historische Zentrum oder zum Strand fahren.

Angrenzend liegt die **Universitat de València**. Über 65 000 Studierende sind an den verschiedenen Fakultäten eingeschrieben und leben in den vielen modernen Hochhäusern um den **Camí de Vera**, den Campus. Das Gebiet ist fast eine Stadt für sich, mit eigenen Geschäften, Sporteinrichtungen, Restaurants und vor allem Cafés. Und auch wenn nicht jeder Bereich bautechnisch interessant ist, ist er doch ein lebendiger Teil der Stadt. Auch **Mestalla**, das Fußballstadion von Valencia, liegt mitten in diesem Bezirk. Bei Heimspielen dreht sich hier alles um Fußball und in jeder Bar kann das Spiel live verfolgt werden.

Nördlich der Universitätsgebäude end
mit Äckern, auf denen Gemüse und O
wird **Huerta** genannt. Vieles von dem
auf die Märkte der Stadt. Viele Felder
pflanzt, deren Wurzeln für das lokale G

WENIG ZEIT? DAS SIND DIE HIGHL
JARDINES DE MONFORTE + TULSA
COFFEE & KITCHEN + STREET-ART

I'm in love with cities I've never been to & people I've never met

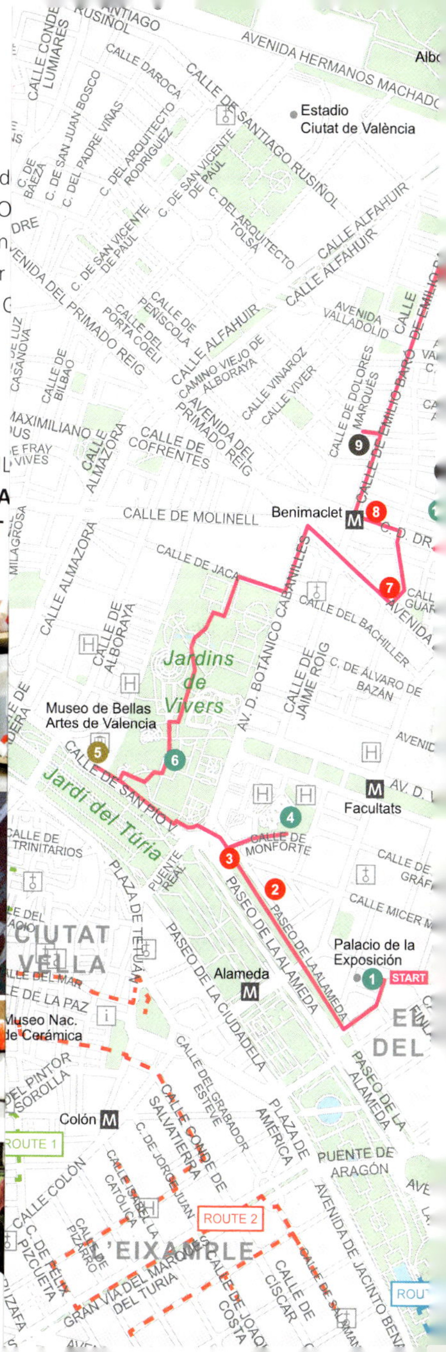

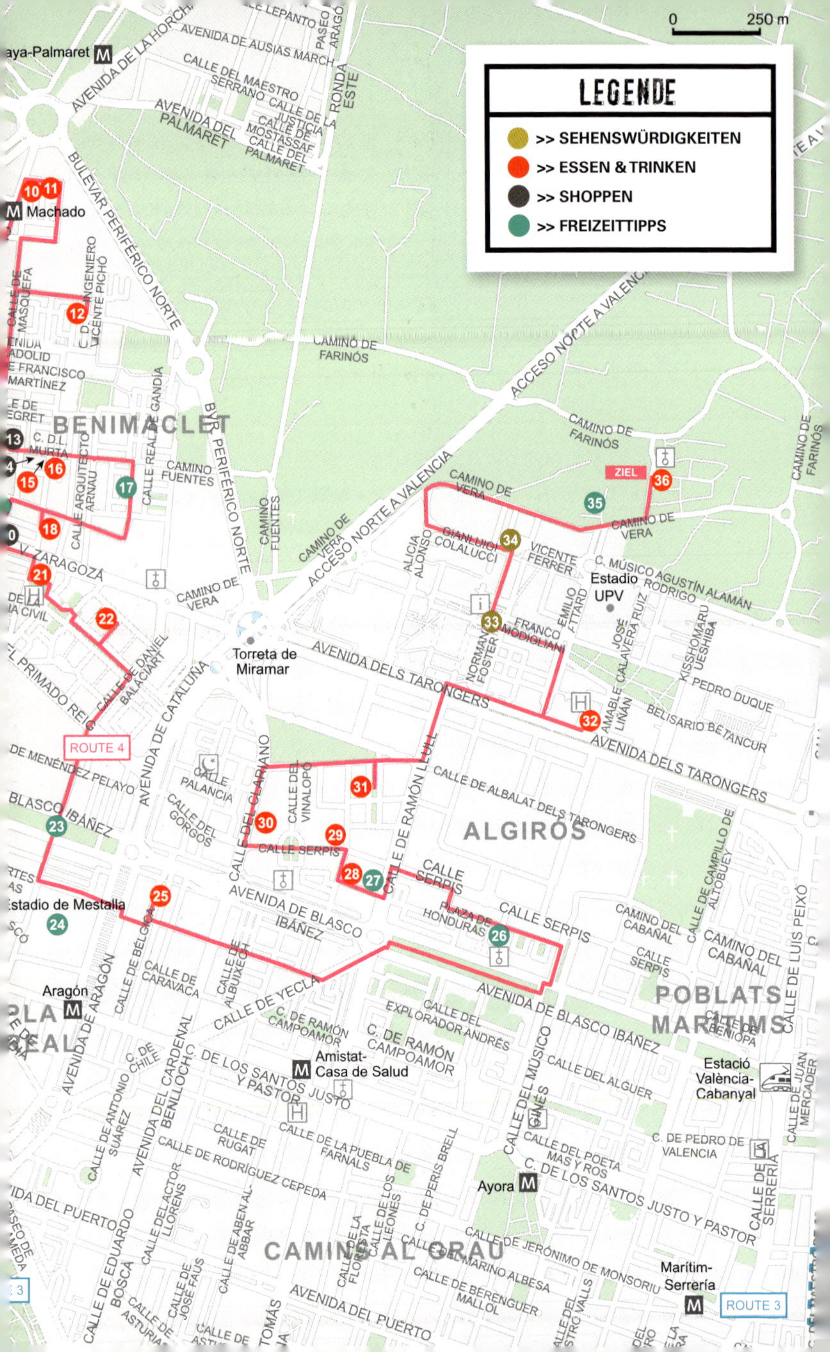

LEGENDE
>> SEHENSWÜRDIGKEITEN
>> ESSEN & TRINKEN
>> SHOPPEN
>> FREIZEITTIPPS
0
250 m
ZIEL
ROUTE 4
ROUTE 3
BENIMACLET
ALGIRÓS
POBLATS MARÍTIMS
CAMINS AL GRAU
Machado
Torreta de Miramar
Estadio UPV
Estadio de Mestalla
Aragón
Amistat-Casa de Salud
Ayora
Estació València-Cabanyal
Marítim-Serrería
AVENIDA DE AUSIAS MARCH
AVENIDA DEL PALMARET
BULEVAR PERIFÉRICO NORTE
CAMINO DE FARINÓS
ACCESO NORTE A VALENCIA
CAMINO DE VERA
CAMINO FUENTES
CALLE REAL DE GANDÍA
CALLE ARQUITECTO ARNAU
AVENIDA DE CATALUÑA
AVENIDA DELS TARONGERS
CALLE DE ALBALAT DELS TARONGERS
CALLE DE RAMÓN LLULL
CALLE DEL CLARIANO
CALLE DEL VINALOPÓ
CALLE SERPIS
PLAZA DE HONDURAS
AVENIDA DE BLASCO IBÁÑEZ
CALLE DE YECLA
AVENIDA DE ARAGÓN
CALLE DE BÉLGICA
CALLE DE CARAVACA
CALLE DE ALBUIXECH
C. DE LOS SANTOS JUSTO Y PASTOR
C. DE RAMÓN CAMPOAMOR
CALLE DEL EXPLORADOR ANDRÉS
CALLE DEL MÚSICO GINÉS
CALLE DEL ALGUER
CALLE DE RODRÍGUEZ CEPEDA
CALLE DE LA PUEBLA DE FARNALS
CALLE DE PERIS BRELL
CALLE DE JERÓNIMO DE MONSORIU
CALLE DE MARINO ALBESA
CALLE DE BERENGUER MALLOL
AVENIDA DEL PUERTO
CALLE DE EDUARDO BOSCÁ
AVENIDA DEL CARDENAL BENLLOCH
CALLE DE ANTONIO SUÁREZ
CALLE DE LUIS PEIXÓ
CAMINO DEL CABAÑAL
CALLE DE CAMPILLO DE ALTOBUEY
PEDRO DUQUE
BELISARIO BETANCUR
KISSHOMARU UESHIBA
AMABLE LIÑÁN
JOSÉ CALAVERA RUIZ
EMILIO ATTARD
VICENTE FERRER
GIANLUIGI COLALUCCI
FRANCO MODIGLIANI
NORMAN FOSTER
ALICIA ALONSO
C. MÚSICO AGUSTÍN ALAMÁN RODRIGO
CALLE PALANCIA
CALLE DEL GORGOS
CALLE DE DANIEL BALACIART
CALLE DE MENÉNDEZ PELAYO

BESCHREIBUNG ROUTE 4 (ca. 14,8 km)

Starte im Spa 1. Geh um den Block und vor dem Flussbett nach rechts 2 3. Bieg in der Calle de Montforte in den Garten 4 ein, der von einer Mauer umgeben ist. Kehr um, überquer den Kreisverkehr und geh in Richtung des Museums mit der blauen Kuppel 5. Lauf zurück, durchquere den Park 6. Geh nach rechts, direkt wieder links und am oberen Ende der Avenida Primado Reig rechts. Nimm die dritte links 7 und folge der Calle Cuenca de Tramoyeres. Überquer die Straßenbahnschienen und geh nach links 8. Nimm rechts die Calle de Emilio Baró. In einer Seitenstraße links befindet sich ein Plattenladen 9. Geh zurück und folge der Calle de Emilio Baró nach links. Am Ende kannst du rechts italienisch-spanisch essen 10 und *horchata* trinken 11. Geh um den Block. Geh links und nimm die erste wieder rechts, zu einem Literaturcafé 12. Kehr um und geh jetzt links in die Calle de Masquería. Halte dich am Kirchplatz 13 links, hinein in die Calle de la Murta 14 15 16. An der Calle de Prudencio Alcón y Mateu rechts 17. Folge der Kurve nach rechts und dann links in die Calle Mistral 18. Kehre zur Calle Enrique Navarro zurück, geh weiter oben nach links 19 20. Überquer die Calle Doctor Vicente Zaragozá und geh links. Nimm die erste rechts, geh links an einer Terrasse 21 entlang und dann rechts. Spazier links durch den Park und die Calle de la Guardia Civil. Genieß links auf der Carrer de Vicente Barrera Cambra frische Pasta 22. Kehr um, folge der Route. Bieg rechts ab und geh geradeaus 23, bis du das Fußballstadion 24 siehst. Bieg links ab und geh durch die Calle las Artes Graficas. Überquer die Avenida Aragon und geh eine Gasse zur Calle Belgicá. Bieg hier links ab für ein Restaurant aus dem Guide Michelin 25. Weiter zur Calle de Yecla, dann links und auf der Avenida Blasco Ibañez rechts in den Park. Bieg an der Plaza Actor Enrique Rambal links ab und nochmals links 26. Geh am Ende rechts und sofort links in die Calle del Serpis. Am Barbershop 27 links vorbei und an der Ecke rechts 28. Geh die Calle del Poeta Artola rechts, iss auf der Ecke ein Brötchen 29. Jetzt links in die Calle Serpis und rechts in die Calle del Clariano 30. Spazier rechts in die Calle de Albalat dels Tarongers. Auf halbem Weg liegt rechts eine Promenade mit einem arabischen Restaurant 31. Zurück auf der Hauptstraße links in die Calle de Ramon Llull und rechts in die Avenida dels Tarongers 32. Ein Stück zurück und an der Avenida Santiago Grisolia Garcia rechts auf den Campus. Nimm links die Calle José Saramago und geh an der Bibliothek 33 rechts zwischen den Gebäuden hindurch. Am Kreisverkehr 34 links, am nächsten rechts Richtung Camono de Vera. Hier beginnt das Umland 35. Ein Stückchen weiter und dann links in den Camino de la Iglesia de Vera 36.

SEHENSWÜRDIGKEITEN

(5) Nach dem Prado in Madrid ist das **Museo de Bellas Artes de Valencia** das wichtigste Kunstmuseum Spaniens. Das fantastische Barockgebäude umfasst über 2000 Werke. Hier werden Gemälde der valencianischen Maler López, Juan de Juanes, Ribalta und Sorella, aber auch von Velázquez, Hieronymus Bosch, Goya und El Greco ausgestellt. Das Museum präsentiert zudem eine interessante Kollektion Bildhauerwerke und archäologischer Fundstücke.
Calle de San Pio V 9, www.museobellasartesvalencia.gva.es, Di–So 10.00–20.00 Uhr, Eintritt gratis, Metro 3, 9 Facultats, 3, 5, 7, 9 Alameda, Bus 6, 11, 16, 26, 28, 79, 94, 95 Sant Pius V–Alboraia

(33) Die **Unversitat Politècnica de València** zielt auf Technik und Forschung ab. Von den 40 000 Studierenden, die an dieser Uni eingeschrieben sind, besucht der Großteil Vorlesungen in Valencia auf dem Campus **Camí de Vera**. Insgesamt gibt es in Valencia über 65 000 Studierende, darunter auch viele internationale.
Camino de Vera, S/N, www.upv.es, Straßenbahn 4, 6 La Carrasca, Bus 93, 98 Tarongers–Ramon Llull

(34) Jedes Jahr im Mai organisiert die technische Universität gemeinsam mit dem Master für visuelle Künste und Multimedia ein Festival: Poliniza Dos. Während des mehrtägigen Events werden neue Graffiti kreiert, die das restliche Jahr als **Street-Art auf dem Campus** zu bewundern sind. Nationale und internationale Künstler sind daran beteiligt. Auf der Website findest du einen Lageplan mit den Standorten der verschiedenen Kunstwerke und deren Urheber.
Camino de Vera, S/N, www.upv.es/poliniza/murales.html, Eintritt gratis, Straßenbahn 4, 6 La Carrasca, Bus 93, 98 Tarongers–Ramon Llull

ESSEN & TRINKEN

(2) In der **L'Albereda Taberna** kannst du erst einmal an einem großen Weinfass aus Holz etwas trinken, um danach die köstliche Spezialität des Hauses zu testen: *entrecôte de buey* (Rind). Sehr gut ist aber auch der Spinatsalat mit Speck und gebratenem Kiebitzei. Im Sommer ist eine Terrasse an einem der schöns-

5
Get cultured!

ten Fleckchen Valencias geöffnet: unter den Bäumen mit Aussicht auf den breiten Boulevard.

Paseo de la Alameda 5, www.alberedataberna.com, Tel. +34 963695888, Di–Sa 12.00–17.00 & 20.30–0.00, So 12.00–17.00 Uhr, Preis 12 €, Metro 3, 5, 7, 9 Alameda, Bus 6, 9, 11, 16, 26, 28, 70, 94, 95 Albereda–Pla del Real

③ Schon seit 1961 ist der Sandwich-Laden **La Pérgola** erfolgreich. Das liegt vor allem am berühmten oder berüchtigten Sandwich *el bombón*. Es ist mit warmem Fleisch, Käse, Champignons und Mayonnaise belegt. Die Hackfleischbällchen und die *tortilla de patata* (Kartoffelomelett) sind ebenfalls ausgezeichnet.

Paseo de la Alameda 1, Tel. +34 963699079, Mo–Sa 8.00–16.30 Uhr, Preis Sandwich 4,50 €, Metro 3, 5, 7, 9 Alameda, Bus 6, 9, 11, 16, 26, 28, 70, 94, 95 Albereda–Pla del Real

⑦ Für Liebhaber von *steak tartare* ist das **El Gastrónomo** eine echte Überraschung. Der Kellner bereitet das rohe Hacksteak am Tisch zu und du kannst selbst entscheiden, ob es mehr oder weniger Senf, Worcestersauce, Salz oder

Pfeffer sein darf. Für das Dessert wird derselbe Rollwagen an deinen Tisch geschoben, um darauf *crêpes suzette* zu flambieren.
Avenida Primado Reig 149, elgastronomorestaurante.com, Tel. +34 963697036, Mo 13.30–17.30, Di–Sa 13.30–17.30 & 21.00–1.00 Uhr, Preis 22 €, Metro 3, 9 Benimaclet, Straßenbahn 4, 6 Benimaclet, Bus 88, 89 Primat Reig–Conca Tramoyeres

(8) Das **L'Obrador** ist wie ein gemütliches Wohnzimmer. Bestell ein Sandwich, farbenfrohe Salate oder ein herrliches, selbst gebackenes Brötchen. Du kommst nur zum Kaffee hierher? Dann probier zumindest die frisch gebackenen Kekse.
Calle Vicente Zaragozá 25, tgl. 8.00–0.30 Uhr, Preis Tagesmenü 9,50 €, Straßenbahn 4, 6 Benimaclet, Bus 10 Vicent Zaragozá

(10) Alberto ist gebürtiger Italiener, Jovi stammt aus Spanien. Gemeinsam betreiben sie das charmante **La Gazzana** und präsentieren einen Mix aus italienischen und spanischen Gerichten. Bestell z. B. *pulpo* (Tintenfisch) mit Kartoffelbrei, *piadina* mit Rucola, Schinken und Mozzarella oder Focaccia mit Mortadella und Brie.
Calle Masquefa 66, fb @lagazzana, Tel. +34 633687811, Di–Do & So 13.30–16.00, Fr–Sa 13.30–16.00 & 20.00–0.00 Uhr, Preis 15 €, Straßenbahn 4, 6 Benimaclet, Bus 10 Vicent Zaragozá

(11) Die **Horchateria Els Sariers** strahlt Tradition aus. Seit Jahr und Tag kommen die Anwohner hierher, um *horchata* zu trinken. Das beliebte Kaltgetränk aus *chufa* (Erdmandel), Zucker und Wasser ist ein fantastischer Durstlöscher an heißen Sommertagen. In Kombination mit einem *fartón* (süße Teigstange) ist es außerdem ein toller Snack. Wissenswert: Die Felder, auf denen die *chufa* angebaut wird, die in diesem Geschäft verarbeitet wird, liegen nur einen Steinwurf entfernt.
Calle del Sarcet 6, www.horchateriaelssariers.es, Tel. +34 963693879, Di–Do 16.00–21.30, Fr–So 11.00–22.30 Uhr, Preis Horchata 3,40 €, Straßenbahn 4, 6 Benimaclet, Bus 10 Vicent Zaragozá

(12) Vorstellungen mit Theater, Poesie und klassischer Musik sind im literarischen **Kaf Café** Alltag. Am Ende geht ein Künstler mit dem Hut herum. Hier kannst du die *merienda* (gegen 18 Uhr) oder ein Abendessen (gegen 21.00 Uhr) bekommen.
Plaza Emilio Beüt y Belenguer 7, Tel. +34 663702960, Di–Sa 18.00–1.30 Uhr, Preis Getränk mit Tapa 6 €, Straßenbahn 4, 6 Vicente Zaragozá, Bus 10 Mistral–Murta

(15) Die kleine Tapasbar **El Colmado** liegt an der Ecke einer der Hauptstraßen von Benimaclet. Man nennt sie *tapas en latas*. Latas sind Konservendosen mit Muscheln, Sardinen oder anderem konserviertem Fisch. In vielen Tapasbars steht das auf der Karte. Manchmal sind die Dosen hinter der Bar hübsch nach Farben gestapelt. Die Fassade des El Colmado ist mit buntem Mosaik verkleidet.
Calle Mistral 39, Tel. +34 666447555, Mo 17.00–0.30, Di–So 10.00–1.00 Uhr, Preis Tapas 8 €, Metro 3, 9 Benimaclet, Straßenbahn 4, 6 Vicente Zaragozá, Bus 10 Mistral–Murta

(16) Tapas und Wein im Überfluss bietet das **La Murta vins i tapes.** Erwarte keinen Luxus, sondern eine typische Tapasbar, in der du für wenig Geld lecker essen kannst. Bestell *patatas bravas sobrasada* (eine Streichwurst mit Paprika) mit Honig oder einen Teller mit handgeschnittenem Schinken. Die Einrichtung ist ein bisschen chaotisch, aber das sorgt für die authentische Atmosphäre.
Calle Murta 14, fb @barlamurta, Tel. +34 961336971, Mo–Do 7.30–0.00, Fr 7.30–1.30, Sa 9.00–1.30, So 9.00–23.30 Uhr, Preis Tapas 6 €, Metro 3, 9 Benimaclet, Straßenbahn 4, 6 Vicente Zaragozá, Bus 10 Mistral–Murta

(18) Das Gebäude der Tapasbar **Ambra Poble-Bar** sieht ein wenig aus wie die Villa Kunterbunt von Pippi Langstrumpf. Im Innenbereich liegen rechts und links der Bar Räume, die etwas unordentlich, aber gemütlich sind, mit leeren Kisten, Spiegeln und Glühbirnen, die mit Stromkabeln von der Decke baumeln. Bei schönem Wetter ist der Garten eine tolle Location. Die Tapasportionen sind großzügig.
Calle Mistral 10, insta @ambrapoblebar, Tel. +34 962145832, Mo–Di 20.00–1.00, Mi–So 12.30–16.30 & 20.00–1.00 Uhr, Preis 12 €, Straßenbahn 4, 6 Vicente Zaragozá, Bus 10 Mistral–Murta

(21) Die Britin Helen Westwater bringt im **La Ola Fresca** eine frische Welle an neuen Ideen, Aromen und Gastfreundschaft in das Viertel. Der Lunchroom ist recht klein, aber es gibt auch eine schöne, große Terrasse. Helen organisiert außerdem englisch-spanische Sprachtandems, Kochkurse und Buchvorstellungen. Regelmäßig wird Livemusik geboten.
Calle Músico Magenti 11, laolafresca.com, Tel. +34 610026305, Di–Fr 10.00–22.00, Sa 10.30–16.30 & 18.00–22.00, So 11.00–20.00 Uhr, Preis Weekendbrunch 12 €, Straßenbahn 4, 6 Vicente Zaragozá, Bus 10 Jaume Esteve Cubells–Dr. Vicent Zaragozá

21

8

11
ELS SAR

30

3
LA PERGOLA

10
APEROL

(22) Die frische Pasta im **La Pentola** ist die beste der Gegend. Der Teig ist hausgemacht, geknetet, getrocknet und wird später zu herrlichen Pastagerichten verarbeitet. Nichts ist schmackhafter als einfache Pasta mit Pesto oder Mandeln und Zitrone. Außerdem gibt es eine einfache Speisekarte mit Antipasti und Pizzas sowie ein schönes Mittagsmenü.
Calle Vicente Barrera Cambra S/N, lapentolavalencia.es, Tel. +34 963276806, Di 10.00–17.00, Mi–Sa 10.00–17.00 & 19.00–23.30, So 10.00–17.00 Uhr, Preis Pasta 13 €, Straßenbahn 4, 6 Vicente Zaragozá, Bus 10 Jaume Esteve Cubells–Dr. Vicent Zaragozá

(25) Karlos Moreno aus Extremadura ist der Chefkoch des **Oganyo**. Seine kreativen Gerichte von hoher Qualität führten bereits zu einer Erwähnung im Guide Michelin. Favoriten sind *burrata, paté, coquilles* und die fantastischen Cocktails. Empfehlenswert ist das Mittagsmenü, das für ein Restaurant dieses Niveaus recht günstig ist. Die Einrichtung ist modern mit offener Küche und langer Bar.
Calle Bélgica 30, www.oganyo.es, Tel. +34 961184090, Mi–Sa 13.30–16.00 & 20.30–23.30, So 13.30–16.00 Uhr, Preis 16 €, Metro 5, 7 Aragón, Bus 10, 12, 41, 79 Blasco Ibáñez–Bélgica

(28) Die Einrichtung des **Bastard Coffee & Kitchen** ist simpel und industriell, mit Pflanzen und verspielten Details bei der Beleuchtung. Die geräumige Aufteilung macht es zu einem idealen Ort zum Arbeiten, für das Studium oder Treffen mit Freunden. Pancakes oder Eier mit Speck zum Frühstück, Kuchen zum Kaffee und Mittagessen – alles im Angebot! Probier auch die verschiedenen Brunchmenüs, die du den ganzen Tag bestellen kannst.

Calle Leandro de Saralegui 1, bastardcoffeekitchen.com, Tel. +34 961071847, tgl. 9.00–20.00 Uhr, Preis Brunchmenü 13,50 €, Bus 40, 71 Ramon Llull–Leandro de Saralegui

(29) Im **Tanto Monta** kannst du *montaditos* (mundgerechte, üppig belegte Sandwiches) bestellen, die du an der Bar selbst belegen kannst. Wegen der günstigen Preise wird das Lokal gern von Studierenden der benachbarten Universität besucht. Weil die Valencianer mittags oft warm essen, gibt es am Abend etwas Kleineres wie diese *montaditos*.

Calle Poeta Artola 19, fb @montaditosvalencia, Tel. +34 963298106, Mo–Sa 19.00–1.00 Uhr, Preis Montaditos 1,80 €, Bus 18 Clariano–Palancia

(30) Die hohe Decke, geheimnisvolle Beleuchtung, Hexendarstellungen an den Wänden und der kleine Springbrunnen mitten im Restaurant **Hechizos de Morgana** versetzen dich in eine Art Dracula-Schloss. Kein Problem, solange ihm der jetzige Chef nicht zum Opfer fällt, wird es hier immer gut besucht sein. Du zahlst wenig für ein üppiges Menü mit Auswahl aus Fleisch, Fisch oder einem Reisgericht mit Krabben oder Krebs.

Calle Clarianos 12, fb @hechizosdemorgana, Tel. +34 963388070, Mo–Do & So 13.30–16.00, Fr–Sa 13.30–16.00 & 20.00–0.00 Uhr, Preis Menü 16,90 €, Bus 18 Clariano–Palancia

(31) Traditionelle Gerichte der arabischen Küche wie Falafel, Hummus, Baba Ganoush, Tajines, Couscous und Mahalabiya serviert das **Restaurante Balansiya.** Die arabische Deko mit geometrischen Fliesen in bunten Farben ist in Andalusien im spanischen Süden noch häufig anzutreffen. Auch beim Geschirr und den Kissen auf der Bank findet sich dieses Muster wieder. Hier wähnst du dich in einer anderen Welt und isst gesunde, leckere Speisen.

Paseo Facultades 3, www.balansiya.com, Tel. +34 963890824, Di–So 13.30–16.30 & 20.30–23.30 Uhr, Preis 10 €, Bus 18 Albalat dels Tarongers–Vinalopó

(32) Das **Bocalinda** ist ein Café-Restaurant im wohnlichen, fröhlichen Stil. Wegen der Lage auf dem Campus ist das Publikum recht jung. Eine beliebte Location bei internationalen Erasmus-Studierenden. Für jede Tageszeit gibt es ein Menü zum unifreundlichen Preis.

Colegio Mayor Galileo Galilei, Universidad Politécnica de Valencia, Av. de los Naranjos, www.bocalinda.es, Tel. +34 961338566, Mo–Fr 8.00–0.00, Sa 9.00–0.00, So 10.00–0.00 Uhr, Preis 7 €, Straßenbahn 4, 6 Tarongers, Bus 93, 98 Tarongers–Col. Legi Major

(36) In Stadtnähe und doch auf dem Land liegt das **Casa El Famós**. Das Restaurant ist bei Einheimischen beliebt. Hier isst du traditionelle Reisgerichte, die *à la leña* zubereitet werden, auf offenem Feuer, angefacht mit Orangenholz. Es gibt eine kleine Terrasse und jeder erhält einen Löffel, um den Reis aus der Pfanne in der Tischmitte zu kratzen.

Camino de la Iglesia de Vera 14, Tel. +34 963710028, Mo–Do & So 8.00–17.00, Fr–Sa 8.00–17.00 & 21.00–1.00 Uhr, Preis 15 €, Straßenbahn 4, 6 La Carrasca, Bus 93, 98 Tarongers–Ramon Llull

SHOPPEN

(9) **Capra Records** ist Plattenladen und Label in einem. Gründer Dennis Capra startete 2012 mit einem kleinen Studio für Reggae-Cover aufstrebender Talente. Mittlerweile ist das Repertoire um Latin, Funk, Afro und Elektro angewachsen. Die Musik wird im Single-Format herausgebracht und im Laden bzw. online verkauft.

Calle Reverend José Maria Pinazo 3, caprarecords.com, Di–Sa 17.00–1.30 Uhr, Straßenbahn 4, 6 Benimaclet, Bus 10 Vicent Zaragozá

(13) **Estudio 64 + Librería + Ilustración** ist ein kleiner Buchladen und Kulturzentrum gleichzeitig. Es gibt Ausstellungen von Illustratoren, die spielerische Zeichnungen anfertigen oder Kinderbücher, Comics und Poster gestalten. Die Zeichnungen werden nicht nur gerahmt verkauft, sondern auch auf Taschen, T-Shirts etc. gedruckt.

Calle Benicolet 2, www.estudio64.es, Mo–Fr 10.30–14.00 & 17.00–20.30, Sa 10.30–14.00 Uhr, Metro 3, 9 Benimaclet, Straßenbahn 4, 6 Benimaclet, Bus 12, 70 Emili Baró–Manuel Castellanos

15

31

28
BRUNCH TIME
HEALTHY FOOD
SPECIALTY COFFEE
TAKE AWAY

20
albahaca
orégano
ajedrea
garam masala
cinco pimientas
alcaravea
canela rama
canela molida
mojo picón
anís grano

13
LA PUERTA DE LOS PÁJAROS

13

(14) Bier liegt in Valencia stark im Trend. Kleine lokale Brauereien stellen großartige Biere her. Die Besitzer des Bierladens **Cervezas Artesanas** sind passionierte Liebhaber dieser Biere. Neben dem Verkauf organisieren sie fast wöchentlich ein Tasting mit Häppchen. Einfach drinnen fragen, wann der nächste Termin ist ...
Calle Murta 6, www.cervezasartesanas.net, Mo–Sa 10.00–14.00 & 17.00–21.00, So 10.30–14.00 Uhr, Metro 3, 9 Benimaclet, Straßenbahn 4, 6 Vicente Zaragozá, Bus 10 Mistral–Murta

(20) Im Lebensmittelmarkt **La Comanda** kannst du Kräuter und Gewürze shoppen. Einmal wöchentlich werden biologisches Gemüse und Obst durch einen lokalen Landwirt geliefert. Auch andere Produkte des Sortiments sind möglichst biologisch, z. B. Seife, Olivenöl, getrocknete Hülsenfrüchte, Getreide und Nüsse.
Calle Juan Giner 13, fb @lacomandaagranel, Mo–Fr 10.00–14.00 & 17.00–20.30, Sa 10.00–14.00 Uhr, Straßenbahn 4, 6 Vicente Zaragozá, Bus 10 Germans Villalonga–Dr. Vicent Zaragozá

FREIZEITTIPPS

(1) Das **Balneario La Alameda** ist das einzige Spa im Zentrum Valencias mit Thermalbädern. Nimm dir die Zeit und entspann bei Bädern oder Massagen. Anders als in den meisten nordeuropäischen Saunen besteht in diesem Spa Textilpflicht. Das Gebäude stammt aus dem Jahr 1908 und wurde für die regionale Expo in Valencia errichtet. Seit 1930 strömt Wasser mit einer Temperatur von ungefähr 40 Grad aus großer Tiefe an die Oberfläche, das jetzt zum Baden verwendet wird.
Calle de Amadeo de Saboya 14, balneariolaalameda.es, Mo–Sa 9.00–21.00, So 9.00–17.00 Uhr, Eintritt 25 €, Bus 32 Amadeu de Savoia–Muñoz Seca

(4) Der öffentliche **Jardines de Monforte** aus dem 19. Jahrhundert liegt verborgen zwischen modernen Wohngebäuden. Der Garten bietet viele malerische Fleckchen und du kannst Springbrunnen und Standbilder bestaunen, die zwischen Grün und farbenfrohen Blumen auftauchen. Der Garten trägt seinen Namen nach dem Hügel im Bereich rechts hinten, den du ersteigen kannst.
Calle Monforte S/N, tgl. 10.30–20.00 Uhr, Eintritt gratis, Metro 3, 9 Facultats, Bus 6, 9, 11, 16, 26, 28, 70, 94, 95 Albereda–Pla del Real

⑯ Der Park **Jardines del Real** mit schönen Blumen und einem Schwanenweiher lädt zum Entspannen ein. Nach einem Shoppingtag oder dem Museumsbesuch kannst du hier im Gras oder auf der Terrasse dem Gesang der Vögel lauschen. Im Sommer werden Konzerte unter dem Sternenhimmel veranstaltet. Calle de San Pío V, tgl. 8.00 Uhr bis Sonnenuntergang, Eintritt gratis, Metro 3, 9 Facultats, Bus 6, 11, 16, 26, 28, 79, 94, 95 Sant Pius V–Alboraia

⑰ Das **Teatro Círculo** ist ein Mikrotheater, in dem kleine Vorstellungen abgehalten werden. Das Programm ist abwechslungsreich, von Theater und Stand-up-Comedy bis zu Konzerten und Ballettaufführungen. Durch die niedrigen Preise ist es für jedermann zugänglich und zieht ein breites Publikum an. Calle de Prudencio Alcón y Mateu 2, teatrocirculo.com, Mo–Mi 10.00–14.00, Do–Fr 10.00–14.00 & 19.00–23.00, Sa–So 19.00–23.00 Uhr, Eintritt 10 €, Straßenbahn 4, 6 Vicente Zaragozá, Bus 10 Germans Villalonga–Enric Navarro

⑲ Für einen Drink zur Livemusik bist du am frühen Abend im **Tulsa Café** an der richtigen Adresse. Die Atmosphäre ist gesellig und bei Konzerten herrscht hier fast immer reger Besuch. Die Wände sind mit Plakaten vergangener Konzerte geschmückt. Jeden Montagabend wird ein Kneipenquiz veranstaltet: Der Wettstreit insbesondere zwischen studentischen Teams dauert etwa drei Stunden. Calle Juan Giner 11, fb @tulsacafe, Mo–Mi 18.00–2.00, Do–Sa 18.00–3.00 Uhr, Preis Getränk mit Tapa 5 €, Straßenbahn 4, 6 Vicente Zaragozá, Bus 10 Mistral–Murta

㉓ Auf dem Mittelstreifen der *avenida* **Blasco Ibáñez** befindet sich ein Grünstreifen mit Park. An beiden Seiten der Straße verläuft ein Radweg. Die Straße ist drei Kilometer lang und verbindet die Stadt mit dem Viertel Cabanyal, das am Strand liegt. An der Straße haben die medizinische Fakultät und diverse große Krankenhäuser ihren Sitz. Früher gab es den Plan, den Radweg bis zum Strand zu verlängern, das wurde jetzt jedoch endgültig verworfen. Avenida de Blasco Ibáñez, Eintritt gratis, Bus 30, 31, 71, 81 Blasco Ibáñez–Suècia

㉔ Das Fußballstadion **Mestalla** wurde 1923 im Rahmen eines Freundschaftsspiels zwischen dem Levante UD und Valencia CF eröffnet. Es wurde über die Jahre verändert und von 17 000 auf 55 000 Sitzplätze erweitert. Täglich finden einstündige Führungen auf Englisch statt. Im Nordwesten der Stadt wird gerade

1
100% good time!

35

27

4

ein neues Stadion errichtet, das Nou Mestalla. Aus finanziellen Gründen ruht der Bau schon einige Jahr, vermutlich kann hier jedoch in nächster Zukunft der Ball rollen.

Avenida de Suecia, Führung Gate 3, valenciacf.com, an spielfreien Tagen Mo–Sa 10.30–14.30 & 15.30–17.30, So 10.30–13.30 Uhr, Preis Führung 11,50 €, Metro Aragón 5, 7 Bus 10, 12, 80, 93 Aragó–Nou Ajuntament

(26) Ein beliebter Treffpunkt zum Ausgehen bei Studierenden ist der **Plaza Honduras**. An diesem Platz und in den Seitenstraßen liegen viele tolle Bars und Clubs, in denen regelmäßig Konzerte veranstaltet werden oder gute DJs auflegen. Andere vergleichbare Ort sind der Plaza Xúquer und Plaza Cedro.

Plaza Honduras, Bus 18, 90 Cardenal Benlloch–Ciutat de Mula

(27) **BarbaMan** ist ein Barbershop, der dir die Wartezeit mit Gaming oder Fußballgucken verkürzt. Die Wände sind mit Comic-Helden verziert, statt Kaffee wird Bier serviert und Wasserpfeife geraucht. Hier kann das Rasieren gar nicht zu lange dauern.

Calle Ramón Llull 5, www.barbaman.es, Mo–Fr 9.30–21.00, Sa 10.00–21.00 Uhr, Bus 40, 71 Ramon Llull–Leandro de Saralegui

(35) **La Huerta** ist ein Außenbezirk von Valencia, ein landwirtschaftliches Anbaugebiet. Faszinierend, wie nah Stadt und Land zusammenliegen. Gemüse und Obst von hier findest du auf den überdachten Märkten der Stadt. Im Winter und Frühling gibt es vor allem Orangen, Kakis, Artischocken, Auberginen, Kohl und Dicke Bohnen. Im Sommer und Herbst werden Kürbis, Wassermelone, Tomaten, Zwiebeln, Gurken und Knoblauch geerntet. Typisch für diese Region ist *chufa* (Erdmandel), aus ihr wird das Lokalgetränk *horchata* hergestellt.

Camino de la Iglesia de Vera, Straßenbahn 4, 6 Tarongers–Ernest Lluch, Bus 93, 98 Tarongers–Ramon Llull

ROUTE 5

EXTRAMURS

INFOS ZUR ROUTE

Startpunkt dieser Route ist das quirlige Chinatown, in dem du fantastisch asiatisch essen kannst. Außerdem besuchst du ein spanisches Arbeiterviertel mit vielen attraktiven neuen Restaurants und Läden. Nach einem Ausflug ins Traditionsviertel El Pilar im historischen Zentrum spazierst du durch das alte Stadttor zum Museum für Moderne Kunst und zum Botanischen Garten.

DIE VIERTEL

Extramurs liegt im Südwesten Valencias. Das Viertel ist wie auch L'Eixample auf der anderen Seite der Gleise eine Erweiterung des historischen Zentrums. Ein wichtiger Unterschied besteht darin, dass Extramurs eher ein Viertel für den normalen Arbeiter war, mit kleineren, preiswerteren Wohnungen. Ein gutes Beispiel dafür ist **Finca Roja**, ein auffallend roter Wohnblock aus dem Jahr 1933 mit fast 300 Arbeiterwohnungen. Mit der Altstadt in direkter Nähe ist das Viertel bei den Valencianern zur beliebten Wohngegend und Ausgehmeile geworden.

An den Bahnhof **Estación del Norte** grenzt das **Chinatown** von Valencia. Schon am frühen Morgen öffnen hier die ersten Bars für Reisende und benachbarte Ladenbesitzer, die ihren Arbeitstag gern mit einer Tasse Kaffee beginnen. Die asiatischen Läden, Friseure, Nagelstudios und Supermärkte sind immer gut besucht, vor allem von Chinesen. Die Restaurants variieren von traditioneller chinesischer Küche bis zu hippen *Ramen-* und *Hotpot*-Restaurants. Sie werden auch von valencianischen Gästen gern besucht.

Direkt innerhalb der Altstadt liegt das Viertel **El Pilar**. Auf dem Gelände des Krankenhauses aus dem 15. Jahrhundert befindet sich ein schöner Park, **Jardínes de Antiguo Hospital**, der von den historischen Gebäuden der **Biblioteca Pública de Valencia** und des modernen Museums **MuVIM** umgeben ist. Das Viertel hieß früher Velluters, abgeleitet vom spanischen Wort für „(Seiden-)

Samtweber". Hier arbeiteten viele San
Colegio del Arte Mayor de la Seda,
Sitz. Noch immer sieht man hier viele
ten und Seide verkauft werden.

Der Trubel der Stadt steht in krassem
Dieser 500 Jahre alte botanische Stad
liegt von Mauern umgeben am Rand

WENIG ZEIT? DAS SIND DIE HIGHL
CHINATOWN + FINCA ROJA + DUL
MAYOR DE LA SEDA + IVAM

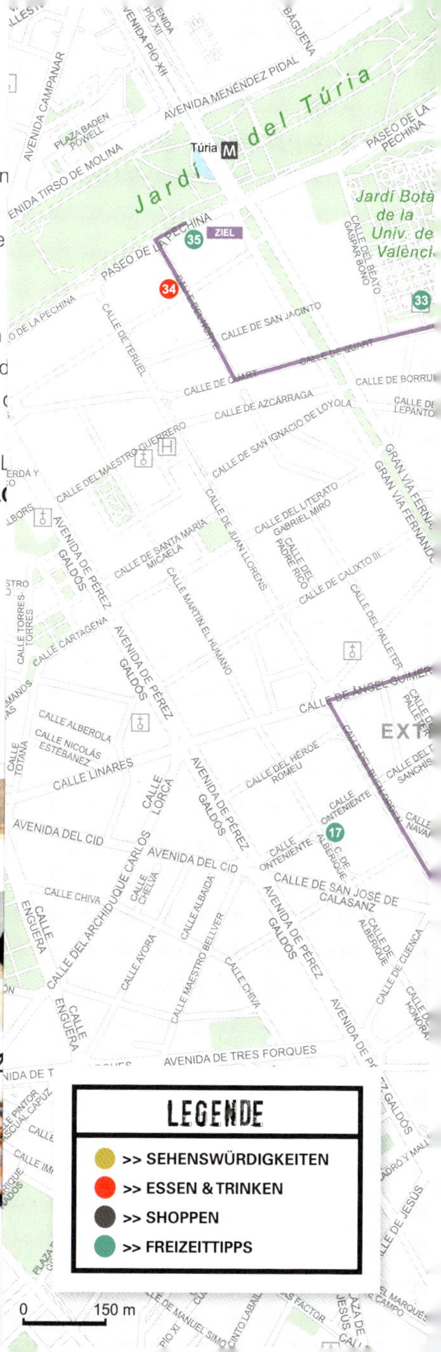

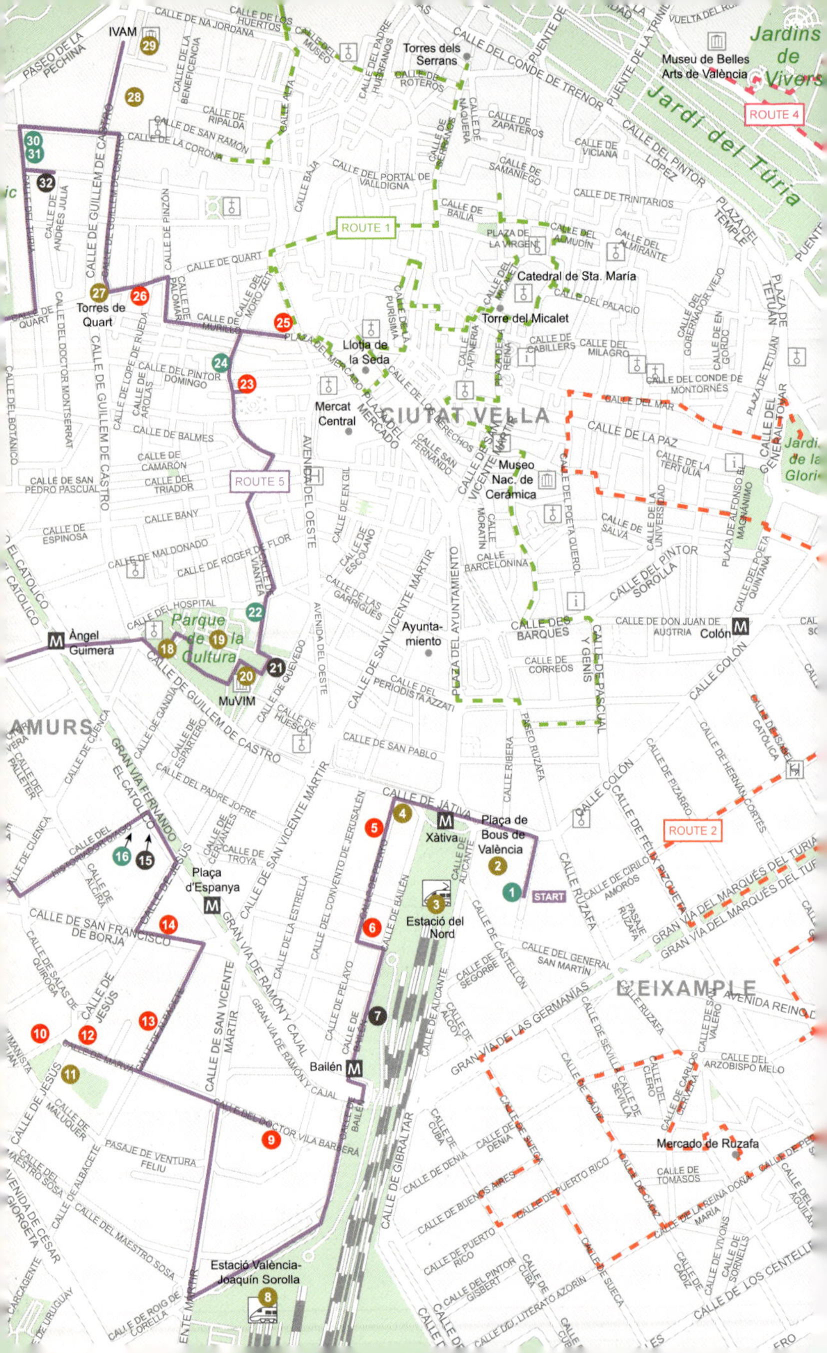

IVAM
Torres dels Serrans
Museu de Belles Arts de València
Jardins de Vivers
Jardí del Túria
ROUTE 4
ROUTE 1
ROUTE 5
ROUTE 2
START
Torres de Quart
Catedral de Sta. María
Torre del Micalet
Llotja de la Seda
Mercat Central
CIUTAT VELLA
Museo Nac. de Cerámica
Jardí de la Gloria
Parque de la Cultura
MuVIM
Àngel Guimerà
Ayuntamiento
Colón
AMURS
Xàtiva
Plaça de Bous de València
Estació del Nord
Plaça d'Espanya
L'EIXAMPLE
Bailén
Mercado de Ruzafa
Estació València-Joaquín Sorolla
Calle de Na Jordana
Calle de los Huertos
Calle del Museo
Calle del Padre Huérfanos
Calle de Roteros
Calle del Conde de Trenor
Puente de la Trinidad
Paseo de la Pechina
Calle de la Beneficencia
Calle de Ripalda
Calle de San Ramón
Calle de la Corona
Calle Alta
Calle Baja
Calle de Serranos
Calle de Náquera
Calle de Zapateros
Calle de Viciana
Calle del Pintor López
Calle del Portal de Valldigna
Calle de Samaniego
Calle de Baília
Calle de Trinitarios
Plaza del Temple
Plaza de la Virgen
Calle del Almudín
Calle del Almirante
Calle de Guillem de Castro
Calle de Andrés Julià
Calle del Túria
Calle de Pinzón
Calle de Quart
Calle del Palomar
Calle del Moro Zeit
Calle de Murillo
Calle de la Purísima
Calle del Micalet
Calle del Palacio
Calle del Gobernador Viejo
Calle de En Gordo
Plaza de Tetuán
Calle de Cabillers
Calle del Milagro
Calle de Tapinería
Plaza de la Reina
Calle del Conde de Montornés
Calle del Doctor Montserrat
Calle de Lope de Rueda
Calle del Pintor Domingo
Calle de Arolas
Plaza del Mercado
Calle de los Derechos
Calle del Mar
Calle de la Paz
Calle del General Tovar
Calle del Botánico
Calle de Balmes
Calle de Camarón
Calle del Triador
Calle de San Pedro Pascual
Avenida del Oeste
Calle de En Gil
Calle de San Fernando
Calle de San Vicente Mártir
Calle del Poeta Querol
Calle de la Tertulia
Calle de la Universidad
Plaza de Alfonso el Magnánimo
Calle Bany
Calle de Espinosa
Calle de Maldonado
Calle de Roger de Flor
Calle de Viana
Calle de Escolano
Calle de las Garrigues
Calle Moratín
Calle Barcelonina
Calle de Salvá
Calle del Pintor Sorolla
Calle del Poeta Quintana
Calle del Hospital
Plaza del Ayuntamiento
Calle de Barques
Calle de Don Juan de Austria
Calle de Correos
Calle de Pascual y Genís
Calle de Quevedo
Calle de Huesca
Calle del Periodista Azzati
Paseo Ruzafa
Calle Ribera
Calle de San Pablo
Calle Colón
Calle de Isabel la Católica
Calle de Hernán Cortés
Calle de Cuenca
Calle de Guillem de Castro
Calle de Gandía
Calle de Espartero
Calle del Padre Jofré
Calle de Cervantes
Calle de Troya
Calle de Pizarro
Calle de Játiva
Calle de Jerusalén
Calle del Convento de Jerusalén
Calle de la Estrella
Calle de Bailén
Calle de Alicante
Calle de Félix Pizcueta
Calle de Cirilo Amorós
Pasaje Ruzafa
Calle Ruzafa
Gran Vía del Marqués del Túria
Calle del Palleter
Gran Vía Fernando el Católico
Calle del Historiador Diago
Calle de Alcira
Calle de Jesús
Calle de San Francisco de Borja
Gran Vía de Ramón y Cajal
Calle de Pelayo
Calle de Castellón
Calle de Segorbe
Calle del General San Martín
Calle de Salas de Quiroga
Calle de Albacete
Calle de Marvá
Calle del Doctor Vila Barberá
Calle de Alcoy
Gran Vía de las Germanías
Calle de Sevilla
Calle del Clero
Calle de Carlos Cervera
Calle del Arzobispo Melo
Avenida Reino de Valencia
Calle de Maluquer
Pasaje de Ventura Feliu
Calle de Gibraltar
Calle de Cuba
Calle de Denia
Calle de Sueca
Calle de Cádiz
Calle de Puerto Rico
Calle de Buenos Aires
Calle de Tomasos
Calle de la Reina Doña María
Calle del Maestro Sosa
Avenida de César Giorgeta
Calle de Vivons
Calle de Sornells
Calle del Águila
Calle del Pintor Gisbert
Calle del Literato Azorín
Calle de los Centelles
Calle de Roig de Corella
Calle de Uruguay
Calle de Cartagena

BESCHREIBUNG ROUTE 5 (ca. 7,8 km)

Du startest in der Pasaja Dr. Serra am Stierkampfmuseum 1. Lauf rechts um die Arena 2 herum und geh weiter am Bahnhof 3 vorbei. Bieg links in die Calle Pelayo ein, jetzt bist du in Chinatown 4 5. Halte dich hinter dem traditionellen chinesischen Restaurant 6 direkt links und danach wieder rechts, um asiatisch zu shoppen 7. Geh weiter Richtung Bahnhof für den Hochgeschwindigkeitszug 8. Bieg rechts in die Calle San Vicente Martir und danach rechts in die Calle Dr. Vila Barbera für leckeren Kaffee 9. Kehr um und geh weiter, bis du am Plaza Pintor Segrelles ankommst. Hier befinden sich ein hübsches Bistro 10, ein auffallend rotes Gebäude 11 und ein öffentlicher Lunchroom 12. Lauf ein kleines Stück zurück und links in die Calle Albacete 13. Bieg an der Calle Pintor Benedito links ab und hinter dem Hotpot-Restaurant 14 direkt wieder rechts. An der Gran Vía Ramón y Cajal gehst du nach links für ein umweltfreundliches Buch 15 und danach links in die Calle del Historiador Diago 16. Jetzt geht es rechts in die Calle Bon Orde und links vor dir liegt die ehemalige Markthalle 17. Geh weiter oben rechts in die Calle Ángel Guimera. Überquer die Gran Vía Fernando Católico und schlender durch den Park 18 19. Besuch das MuVIM 20 und bieg direkt links ab für einen Laden mit valencianischen Trachten 21. Geh nach links und wieder rechts, an der linken Seite liegt das Seidenmuseum 22. Folge der Route durch die Calle Vinatea und bieg am Ende rechts in die Calle del Maldo-nado. Nimm am Ende links die Calle del Pie de la Cruz. An der Plaza Juan de Villarrasa findest du ein gutes italienisches Restaurant 23. Weiter geht es durch die Calle Santa Teresa, bei Radio City 24 gibt es abends eine tolle Flamencoshow. Bieg rechts in die Calle Carda für ein lateinamerikanisches Restaurant 25. Kehr um und geh weiter durch die Calle Murillo. Bieg an der Calle Carrasquer rechts ab und dann links in die Calle del Quart für ein typisch valencianisches Reisgericht 26. Etwas weiter oben liegt ein altes Stadttor 27. Nimm rechts die Calle Guillem de Castro für interessante Museen 28 29. Geh auf der anderen Straßenseite ein Stück zurück. Bieg rechts ab und danach wieder links zu einer Flamencobar 30 und einem Katzencafé 31, in der ersten Seitenstraße links kannst du schöne Vintage-Mode aus Amerika shoppen 32. Kehr um und lauf weiter durch die Calle del Túria. Nimm rechts die Calle del Quart für einen Besuch im botanischen Garten 33. Überquer die Gran Via Fernando Catolico und bieg rechts in die Calle del Norte für herrliche Tapas 34. Am Ende der Straße gehst du nach rechts, um ein Fahrrad zu mieten 35.

SEHENSWÜRDIGKEITEN

(2) Was auch immer du auch von Stierkämpfen hältst, der **Plaza de Toros** ist architektonisch ein interessantes Gebäude, errichtet von 1850 bis 1860 im neoklassizistischen Stil nach einem Entwurf von Sebastián Monleón Estellés. Mit seinen vier Galerien und 384 symmetrischen Bögen sollte es eine kleinere Ausgabe des Kolosseums in Rom werden. Regelmäßig werden Konzerte großer Künstler gegeben. Platz ist für ca. 20 000 Zuschauer.

Calle Xativa 28, www.torosvalencia.com, Zeiten und Preise siehe Website, Metro 3, 5, 9 Xativa, Bus 6, 7, 8, 19, 35 Xativa–Marqués de Sotelo

(3) Elf Jahre dauerte es, bevor die spektakuläre **Estación del Norte** 1917 vollendet war. Der Bahnhof, ein Entwurf von Demetio Ribes, ist eines der besten Beispiele für den valencianischen Modernismus. Die Zentralhalle ist mit Mosaiken geschmückt. An den Wänden steht in verschiedenen Sprachen „gute Fahrt". Außerdem gibt es Wände mit bemalten Fliesen. Darauf sind beispielsweise Frauen mit Körben voller Orangen dargestellt. Die Holzschalter, die du bei Ankunft siehst, sind original und bereits seit Eröffnung des Bahnhofs in Betrieb.

Calle Xativa 24, Mo–Sa 3.45–23.55, So 6.00–23.55 Uhr, Metro 3, 5, 9 Xativa, Bus 6, 7, 8, 19, 35 Xativa–Marqués de Sotelo

(4) Valencia hat eine eigene **Chinatown**, die an den vielen Reklameschildern mit chinesischen Schriftzeichen und der hohen Konzentration asiatischer Geschäfte zu erkennen ist. Nicht nur traditionelle chinesische Restaurants, *Ramen-* und *Hotpot*-Restaurants und Bars, sondern auch Nagelstudios, Friseure, Modeläden und Supermärkte mit umfassendem Sortiment an asiatischen Produkten.

Calle de Pelayo 1, Metro Xativa, Bus 63, 67 Estació del Nord–Bailén

(8) Der **Estación Joaquín Sorolla AVE** aus dem Jahr 2010 ist nach dem spanischen Maler Joaquín Sorolla benannt. Im Gegensatz zum Estación del Norte ist dies eine hypermoderne Halle aus Stahl, Aluprofilen und jeder Menge Glas. In der Ankunftshalle warten aerodynamische Hochgeschwindigkeitszüge, um dich mit Tempo 300 pro Stunde nach Madrid und an andere Ziele zu bringen.

Calle San Vicente Mártir 171, www.renfe.com, Mo–So 5.45–0.00 Uhr, Metro 7 Bailén, Bus 63 Bailén

4
CENTRO CULTURAL DE CHINA EN VALENCIA

18

3

19

(17) **Finca Roja** ist ein Art-Deco-Wohnblock aus dem Jahr 1933. Die 378 Arbeiterwohnungen wurden um einen großen gemeinsamen Innenhof errichtet. Eines der besten Beispiele für Wohnungsbau, der nach Einführung des neuen Wohnungsgesetzes 1925 realisiert wurde. Es hatte zum Ziel, die Wohnbedingungen der Arbeiter zu verbessern. Es gab Aufzüge, Zimmer mit Klimaanlage und Sonnenschutz. Der rote Backstein und die glasierte Keramik sind für das Gebäude charakteristisch und vom Baustil der Amsterdamer Schule inspiriert.

Calle Jesús 75, Bus 9, 10, 11, 27, 71 Jesús–Pintor Segrelles

(18) Der **Jardínes de Antiguo Hospital** steht voller Feigenbäume, Palmen, Orangenbäume, Zypressen und Rosensträucher. Er wird auch Jardín Arqueológico genannt. Ein Teil des Parks besteht nämlich aus archäologischen Ausgrabungen des Krankenhauses aus dem 15. Jahrhundert, das früher hier seinen Standort hatte. Am Rand des Parks befindet sich noch der Eingang der früheren medizinischen Fakultät. Die kleine Kirche von Santa Lucía liegt etwas verborgen hinter den Bäumen.

Calle Guillem de Castro 16, Eintritt gratis, Bus 11, 27, 28 Teatre Micalet

(19) Die **Biblioteca Pública de Valencia** ist die wichtigste öffentliche Bücherei der Stadt. Von 1938 bis 1979 befand sich ihr Sitz in der Casa Vestuario am Plaza de la Virgen. Danach zog sie an den heutigen Standort, ins Hauptgebäude des früheren psychiatrischen Krankenhauses. Dieses Krankenhaus wurde bereits 1409 gegründet und war eine der ersten europäischen Einrichtungen für Psychiatrie-Patienten. Nach einem Brand im Jahr 1545 wurde das Gebäude erneut errichtet.

Calle Hospital 13, Mo–Fr 9.00–20.30, Bus 11, 27, 28 Teatre Micalet

(20) Das **MuVIM** ist ein Museum mit vielen temporären Ausstellungen zum Thema Illustrationen. Die ständige Sammlung bezieht sich auf die Entstehung des modernen Denkens und ist eine Reise durch die Zeit. Du wirst von Akteuren mitgenommen, welche dir von den Entwicklungen über die Jahrhunderte hinweg berichten. Die dunklen Gänge und die Musik sorgen für eine zusätzliche Dimension. Toll auch mit Kindern!

Calle de Quevedo 10, www.muvim.es, Di–Sa 10.00–14.00 & 16.00–20.00, So 10.00–20.00 Uhr, Eintritt 2 €, Sa–So gratis, Metro 1, 2, 3, 5, 9 Ángel Guimerá, Bus 9, 11, 27, 60, 62 Teatre Micalet

(27) Das renovierte Stadttor **Torres de Quart** existiert schon seit dem 15. Jahrhundert. Die Einschusslöcher der napoleonischen Armee wurden erhalten und dienen jetzt Papageien als Nistplätze. Du kannst die Türme besteigen und den Ausblick über die Stadt genießen.

Plaza de Santa Úrsula 1, Mo–Sa 10.00–19.00, So 10.00–14.00 Uhr, Eintritt Mo–Sa 2 €, So gratis, Bus 5 Guillem de Castro–Torres de Quart, 73 Quart–Guillem de Castro

(28) Das **Museu Valencià d'Etnologia**, auch L'ETNO genannt, ist ein Museum, das auf die Erhaltung des lokalen Erbes abzielt. Es zeigt anschaulich, wie die Bevölkerung von Valencia über die Jahrhunderte hinweg mit Herausforderungen der Jagd und das Überleben in Kriegen bis zum Einsatz moderner Technologien umgegangen ist.

Calle Corona 36, letno.dival.es, Di–So 10.00–20.00 Uhr, Eintritt 2 €, Bus 28, C1 La Bene

(29) Für Liebhaber moderner Kunst ist das **IVAM** (Instituto Valenciano de Arte Moderno) ein Muss. Es ist das wichtigste Museum für zeitgenössische Kunst in ganz Europa. Das Angebot ist sehr vielfältig: von Fotografie und Videokunst bis zu Installationen und Skulpturen. Neben der Sammlung des Bildhauers Julio González sind die temporären Ausstellungen immer interessant. Aktuelle Ausstellungen findest du auf der Website.

Calle de Guillem de Castro 118, www.ivam.es, Di–Do & Sa–So 10.00–19.00, Fr 10.00–21.00 Uhr, Eintritt gratis, Metro 1, 2 Túria, Bus 5 Guillem de Castro–Na Jordana

ESSEN & TRINKEN

(5) Das **Pelayo Gastro Trinquet** war früher das Clubhaus des örtlichen Pelota-Vereins, einem Ballsport, der dem friesischen Schlagball ähnelt. Jetzt sind die Räume in ein schönes Luxus-Bistro verwandelt, in dem du wunderbar essen kannst. Wenn du Glück hast, kannst du das Pelota-Training oder einen Wettkampf beobachten, da die Sporthalle dahinter immer noch genutzt wird.

Calle Pelayo 6, www.pelayogastrotrinquet.es, Tel. +34 963514156, Mo–Do 9.00–17.00 & 20.00–1.30, Fr–So 9.00–0.30 Uhr, Preis 17 €, Metro Xativa, Bus 5, 73, 81 Xativa

11

20

⑥ Das **Min Dou** ist ein traditionelles China-Restaurant mit gutem Preis-Qualitäts-Verhältnis. Auch Chinesen sind hier gern zu Gast. Auf der Karte stehen über 150 Gerichte der kantonesischen Küche, darunter Klassiker wie Pekingente, Hühnchen süß-sauer und Dumplings. Auch Vegetarier haben große Auswahl.

Calle de Pelayo 31, www.restaurantechinomindou.es, Tel. +34 960069341, Mo–Sa 12.00–1.00, So 12.00–23.00 Uhr, Preis 15 €, Metro Xativa, Bus 7, 9, 10, 11, 28, 60, 62, 63, 67 Xativa

⑨ Hinter den großen Holztüren einer ehemaligen Druckerei liegt das **Flying Bean Coffee**. In dieser hippen Kaffeebar gibt es nicht nur leckeren Kaffee und Sandwiches, sondern auch separate Co-Working-Spaces mit guter Internetverbindung und anderen Einrichtungen wie Klimaanlage, Drucker und Schließfächern. Ideal, wenn du eine relaxte Location suchst, um ein bisschen Arbeit zu erledigen.

Calle Doctor Vila Barbera 12, www.flyingbeancoffee.com, Mo–Fr 8.00–18.00, Sa–So 9.00–18.00 Uhr, Preis Kaffee mit Sandwich 5 €, Metro 7 Bailén, Bus 63 Bailén

(10) Die Einrichtung des **Bistro Pica'p** ist industriell mit Vintage-Elementen. Auf der Speisekarte stehen traditionelle Gerichte mit modernem Touch wie *ceviche*, Blätterteig mit geräucherten Sardinen und griechischer Salat. Tipp: Genieß dazu Bier oder lokalen Wein. Das Lokal bietet ein umfassendes Sortiment der besten Winzer der Umgebung. Regelmäßig organisiert eine *bodega* hier Tastings.
Plaza de Pintor Segrelles 7, fb @picapbar, Tel. +34 960642867, Di 19.30–1.00, Mi–Sa 12.30–16.30 & 19.30–1.00, So 12.00–18.00 Uhr, Preis Menü 21 €, Bus 9, 10, 11, 27, 71 Jesús–Pintor Segrelles

(12) **Dulce de Leche** ist eine süße Creme aus Milch, Zucker und Vanille, die vor allem in Südamerika bekannt ist. Du kannst sie auf das Brot streichen, in diesem Lunchroom wird sie aber in Torten und Cakes verarbeitet. Neben Süßem gibt es auch wunderbare Sandwiches und Salate. Die moderne, *casual* Einrichtung verleiht dem Dulce de Leche eine frische Ausstrahlung. Sämtliche Möbel wurden in Spanien gefertigt. Die Bewohner von Arrancapins kehren hier gern zu Mittag oder zum Kaffee mit etwas Leckerem ein.
Calle Jesús 71, www.pasteleriadulcedeleche.com, Tel. +34 960112316, tgl. 8.00–21.00 Uhr, Preis Brunch 8 €, Bus 9, 10, 11, 27, 71 Jesús–Pintor Segrelles

(13) Das **Restaurante Camaléon** ist einfach ein gutes Restaurant. Hier stimmt alles: die ruhige Einrichtung, der freundliche Service, die Preise und natürlich das Essen selbst. Die Gerichte sind spanisch, wie sie häufig auf Speisekarten stehen, werden wunderschön angerichtet und schmecken unglaublich gut.
Calle de Albacete 18, fb @restaurantecamaleon, Tel. +34 963414258, Di–Sa 13.00–17.30 & 20.00–0.00, So 13.00–17.30 Uhr, Preis 15 €, Bus 9, 10, 11, 27, 71 Jesús–Pintor Segrelles

(14) Im **Spicy Soul Hot Pot** kochst du dein Essen selbst in heißer Brühe, die in der Tischmitte in einem vorgewärmten Topf serviert wird. Du bestellst die Gerichte oder das gewünschte Menü, dann werden die rohen Zutaten mit einem Wagen an deinen Tisch gebracht. Du tauchst sie in die Bouillon und in kürzester Zeit sind feine Rindfleischstreifen, Gambas, Pak Choi, Nudeln und Enoki-Pilze gar.
Calle Pintor Benedito 8, fb @spicysoulhotpot, Tel. +34 963805282, Mo–Fr 12.30–16.00 & 19.00–23.30, Sa–So 12.30–23.30 Uhr, Preis 20 €, Metro 1, 2 Plaza España, Bus 9, 10, 11, 27 Jesús–Sant Francesc de Borja

(23) Das **Giardino del Carmen** liegt ein Stück abseits interessanter Highlights. Aber für Fans der mediterranen und italienischen Küche ist dieses kleine Restaurant auf jeden Fall einen Besuch wert. Hähnchen oder Entrecôte vom Grill, Bauchspeck aus dem Ofen, Pasta mit Gambas oder Muscheln in Tomatensauce – alles hier schmeckt ausgezeichnet.

Plaza Don Juan de Villarrasa 6, www.giardinodelcarmen.es, Tel. +34 963113412, Mo & Mi–So 13.00–15.30 & 20.00–23.00 Uhr, Preis 16 €, Bus 7, 27, 73 Mercat Central–Llotja

(25) Das **Taberna Paraiso Travel** ist ein ausgesprochen lateinamerikanisches Restaurant. Das kleine Lokal hat nur hohe Tische mit Barhockern, die Atmosphäre ist privat und freundschaftlich. Es gibt ein festes Menü mit qualitativ hochwertigen Gerichten wie *empanada colombiana, ceviche*, Austern und galizischem Rindfleisch, das 30 Tage gereift ist.

Calle de la Carda 6, www.juniorfranco.es, Tel. +34 691549209, Di–Sa 13.30–16.00 & 20.30–23.00 Uhr, Preis Degustationsmenü 25 €, Bus 7, 27, 73 Mercat Central–Llotja

(26) Im **Canela** serviert man dir original valencianische Küche. Das Restaurant ist für seine Reisgerichte bekannt, z. B. Paella, aber wie wäre es mit *melosos*, einer Art Suppe mit Reis und anderen schmackhaften Zutaten? Ganz Wagemutige probieren den *arroz negro*. Das ist schwarzer Reis, mit Tintenfischtinte gefärbt.

Calle Quart 49, www.restaurantecanela.es, Tel. +34 963917538, Di–Sa 13.30–16.00 & 20.00–1.45, So 13.30–16.00 Uhr, Preis 15 €, Bus 5 Guillem de Castro–Torres de Quart, 73 Quart–Guillem de Castro

(34) Aus ganz Valencia und darüber hinaus zieht es die Gäste in die **Bar Ricardo**, um hier traditionelle Tapas zu genießen. Sie werden mit Fleisch, Fisch und Meeresfrüchten zubereitet, die täglich frisch angeliefert werden. Beispiele für Tapas, die du hier bestellen kannst: *pescaditos fritos* (kleine Fische, mit Kopf und Schwanz gebraten), *pimientos de padrón* (kleine grüne Paprika mit unterschiedlichem Schärfegrad) und *salpicón de marisco* (Muscheln, Garnelen und sauer eingelegter Tintenfisch).

Calle Doctor Zamenhof 16, www.barricardo.es, Tel. +34 963823789, Di–Sa 8.00–0.00 Uhr, Preis 15 €, Metro 1, 2 Túria, Bus 2, 60, 62, 64, 79, 92 Túria

34

23
Spritz

5

10

9

9

SHOPPEN

⑦ **Hiper Asia** ist ein Fest für alle, die asiatische Küche lieben. In den Regalen dieses asiatischen Supermarkts entdeckst du nicht nur Produkte aus China, sondern auch aus Thailand, Indonesien, Vietnam, Japan und Indien. Das Angebot ist riesig und variiert von Gewürzen, Saucen, Getränken, Reis, Nudeln, Süßigkeiten und Chips bis hin zu frischem Gemüse, Kräutern, Fisch und Fleisch. Außerdem kannst du Non-Food-Produkte wie Geschirr und Reiskocher erwerben.
Calle de Bailén 7, www.hiperasia.eu, tgl. 10.00–21.30 Uhr, Metro 7 Bailén, Bus 63 Estació del Nord–Ermita

⑮ Bei **Re-Read Librería Lowcost** erhalten gebrauchte Bücher neue Besitzer. Dieser umweltfreundliche Buchladen berechnet beim Verkauf der Bücher, wie viele Bäume vor dem Fällen gerettet wurden. Das Motto lautet *reduce, reuse & read!* Ein Buch kostet hier nur 3 Euro, zwei Stück 5 Euro und fünf Stück 10 Euro.
Gran Vía Ramón y Vajal 45, fb @rereadvalencia, Mo–Sa 10.00–14.00 & 16.00–20.00 Uhr, Metro 1, 2 Plaza España, Bus 64, 92, C2 Ramón i Cajal (Impar)–Jesús

(21) **La Casa de los Falleros** ist eines der wichtigsten Geschäfte für valencianische Trachten. Bei den Las-Fallas-Feiern im März besuchen etwa 100 000 Falleras und Falleros die Stadt, um Maria Blumen darzubringen; das nennt sich Ofrendà. Die Damen tragen zu diesem Anlass Kleider mit bunten Blumenmustern, Spitzenschürzen, Schuhe mit kleinem Absatz aus dem gleichen Stoff wie das Kleid und Gold- oder Silberschmuck. Die Herren tragen Kniebundhosen und eine Weste mit Blumenmuster.

Calle Quevedo 6, www.lacasadelosfalleros.com, Mo–Fr 9.30–13.30 & 15.30–20.00, Sa 10.00–14.00 Uhr, Bus 11, 27, 28 MuVIM

(32) **Dino Vintage** importiert Second-Hand-Mode aus Amerika und Frankreich. Die Kleidung wird über den Onlineshop an Privatverbraucher und im Bündel auch an Geschäfte und Großhandel vertrieben. Im Laden findest du ein sehr großes Angebot Vintage-Mode und -schuhe aus Amerika, z. B. Lederjacken, Jeans, Basketballtrikots, Holzfällerhemden, T-Shirts von Rockbands, Sneakers und Jeansjacken.

Calle Andreu Julié 9, www.dinovintage.com, Mo–Fr 17.00–20.30 Uhr, Bus 28 La Bene

FREIZEITTIPPS

(1) Das **Museo Taurino** ist ein kleines Museum, das Objekte, die für den Stierkampf verwendet werden, und Bilder von Stierkämpfern präsentiert. Diese Machos in engen Trachten sind in Spanien echte Helden. Auch wenn die Tradition langsam verschwindet, gibt es immer noch Ausbildungen für Nachwuchsstierkämpfer. Vom Museum hast du Zugang zur Arena.

Pasaje Coctor Serra 10, www.museotaurinovalencia.es, März–Aug Mo & So 10.00–14.00, Di–Sa 10.00–19.00, Sep–Feb Mo & So 10.00–14.00, Di–Sa 10.00–18.00 Uhr, Eintritt 2 €, Metro 3, 5, 9 Xàtiva, Bus 6, 7, 8, 19, 35 Xàtiva–Marqués de Sotelo

(16) **wayCO Abastos** ist ein moderner Co-Working-Space. Der große, offene Raum verfügt über gute Beleuchtung, großzügige Arbeitsplätze und schnelles Internet. Für mehr Privatsphäre oder ein Meeting kannst du abgeschlossene Räume mieten. Bar und Kaffee-Ecke sind gemütliche Treffpunkte zum Netzwerken.

Calle Historiador Diago 3, www.wayco.es, Mo–Fr 9.00–21.00 Uhr, Preis Co-Working-Platz/Tag 20 €, Metro 1, 2 Plaza España, Bus 9, 10, 11, 27 Jesús–Sant Francesc de Borja

(17) Das **Centro Deportivo y Cultural Abastos** ist Kulturzentrum und Sportpalast in einem. Anwohner nutzen den Komplex gern. Es gibt Schwimmbäder und eine Sportschule, in der du verschiedene Kurse besuchen kannst. Außerdem finden wöchentlich Märkte, Vorstellungen und Ausstellungen statt.
Calle Alberique 18, www.centrosupera.com/abastos, Mo–Fr 8.00–23.00, Sa 9.00–22.00, So 9.00–14.00 Uhr, Preise siehe Website, Bus 67, 70, 72, 93 Ángel Guimerà–Bon Ordre

(22) Das **Colegio del Arte Mayor de la Seda** ist das Seidenmuseum der Stadt. Seide war Ende des 15. Jahrhunderts ein wichtiges Handelsgut. Sie wurde in Valencia nicht nur gehandelt, sondern hier auch produziert. Im Museum wird anschaulich erläutert, wie der Prozess von der Seidenraupe bis zum Seidenstoff abläuft. Am Webstuhl finden ab und zu Demonstrationen statt. Im Laden findest du hübsche Souvenirs wie Taschen, Schals und Fächer.
Calle Hospital 7, www.museodelasedavalencia.com, Di–Sa 10.00–19.00 & So 10.00–14.30 Uhr, Eintritt 7 €, Metro 1, 2, 3, 5, 9 Àngel Guimerà

(24) Wenn du Flamenco magst, besuchst du dienstags um 23.00 Uhr eine Show im **Radio City.** Es ist neben einer Bar auch ein kleines Kulturzentrum. An den Abenden in der Woche gibt es Film-, Tanz- und Theatervorstellungen und am Wochenende kannst du selber zu allerlei Musik tanzen.
Calle Santa Teresa 19, www.radiocityvalencia.com, tgl. 23.00–3.30 oder früher, abhängig vom Programm, Eintritt Bar gratis, Flamencoshow 15 €, Bus 73 Carda–Moro Zeit

(30) Von Donnerstag bis Sonntag wird im kleinen **Café del Duende** Flamenco geboten. Die Show bietet Abwechslung mit steppenden Flamencotänzern, Tänzerinnen in weiten Polka-Dot-Kleidern, Sängern und einem Gitarristen. Jeder hat sein Spezialgebiet, aber gemeinsam sorgen sie für einen Auftritt voller Leidenschaft und Tradition. Komm frühzeitig, reservieren ist leider nicht möglich.
Calle Túria 62, www.cafedelduende.com, Do 20.30–2.00, Fr 21.00–3.00, Sa 21.00–3.00, So 19.00–23.00 Uhr, Eintritt Flamencoshow (einschl. Getränk) 15 €, Bus 28 La Bene

(31) Wusstest du, dass Haustiere auf Menschen therapeutische Wirkung haben können? Eine Katze, die auf deinen Schoß springt, sich kraulen lässt und dann

16

33

35

33

anfängt zu schnurren, sorgt, selbst wenn sie die Krallen in deine Hose gräbt, bei vielen Menschen für Entspannung. Im Katzencafé **La Fabrica de Huellas** kannst du die Aufmerksamkeit dieser Vierbeiner bei einer Tasse Tee fast täglich genießen.

Calle Túria 60, www.lafabricadehuellas.com, Mi–Fr 17.00–20.30, Sa–So 11.00–14.00 & 17.00–20.30 Uhr, Preis Tasse Tee 2,60 €, Bus 28 La Bene

(33) Im **Jardí Botànic** kannst du komplett entspannen. Genieß auf einer schattigen Bank den Blick auf ungewöhnliche Bäume und Pflanzen. Im Kakteengarten stehen Exemplare der seltensten Art. Viele Katzen spazieren hier umher, da der Jardí Botànic Straßenkatzen adoptiert.

Calle Quart 80, www.jardibotanic.org, tgl. März & Okt 10.00–19.00, April & Sep 10.00–20.00, Mai–Aug 10.00–21.00, Nov–Feb 10.00–18.00 Uhr, Eintritt 3 €, Metro 1, 2 Túria, Bus 73 Quart–Guillem de Castro

(35) In Valencia gibt es kein besseres Fortbewegungsmittel als das Fahrrad. Die Stadt ist eben, die Entfernungen nicht sehr groß und mit dem Rad kannst du jederzeit einen Stopp einlegen, wenn dir danach ist. Außerdem werden immer mehr Radwege angelegt. Ein Bike guter Qualität kannst du bei **Valencia Bikes** mieten. Bei diesem Unternehmen kannst du auch Privattouren in deiner Sprache mit Guide buchen. Für drei Stunden radelst du an den Highlights Valencias entlang.

Paseo de la Pechina 32, www.valenciabikes.com, tgl. 9.30–18.00 Uhr, Preis Fahrradmiete 1 Tag 15 €, Radtour 29,50 €, Metro 1, 2 Túria, Bus 2, 60, 62, 64, 79, 92 Túria

WAS ES SONST NOCH GIBT

Wenn du den Routen aus diesem Guide folgst, kommst du automatisch an den Highlights der Stadt vorbei. Aber natürlich gibt es auch neben diesen Touren noch viele Orte und Sehenswürdigkeiten, die einen Besuch lohnen. Sie werden hier kurz vorgestellt. Achtung, einige sind vom Zentrum schwer zu Fuß erreichbar, aber mit den öffentlichen Verkehrsmitteln kommst du gut dorthin.

Ⓐ Der **Palacio de Congresos** ist das Kongresszentrum der Stadt. Dieser moderne Bau wurde vom britischen Architekten Norman Foster entworfen und 1998 vom spanischen König eröffnet. Wegen der strengen Linien und der schlanken Bauweise eine fotogene Location! Er liegt in einem modernen Geschäftszentrum mit vielen Bürogebäuden und Hotels. Auch das neue Fußballstadion wird hier gebaut.

Avenida de las Cortes Valencianas 60, www.palcongres-vlc.com, Straßenbahn 4 Palau de Congressos, Bus 62, 63 Corts Valencianes–Palau de Congressos

Ⓑ Mitten im historischen Zentrum liegt das **Baños del Almirante** in einer der Gassen. Dieses ehemalige Badehaus wurde 1313 im Mudéjar-Stil errichtet, der christliche und islamische Elemente verbindet. Zu dieser Zeit war Valencia bereits in christlicher Hand, das Badehaus aber wurde wie ein islamischer Hamam gestaltet. Bis ins 20. Jahrhundert wurde es noch als Badehaus genutzt, ist heute jedoch ein Museum.

Calle Baños del Almirante 3–5, Di–Fr 10.00–18.00, Sa 10.00–14.00 Uhr, Eintritt gratis, Bus 6, 11, 16, 26, 28, 94, 95, C1, C2 Poeta Llorente

Ⓒ Auf dem Gelände der Universität befindet sich das Wettkampfbad **Piscina UPV** mit einer Größe von 50 x 17 Metern. Du musst weder Studierender noch Dozentin oder Dozent sein, um hier deine Bahnen ziehen zu können. Der Schwimmverein Sapek Natación bietet neben Schwimmstunden auch Aquafitness und Unterricht im Synchronschwimmen an. Besuch danach noch eben den Jacuzzi, um schön zu relaxen.

Avenida de los Naranjos, Eingang M, sapeknatacion.es, Mo–Fr 7.00–22.00, Sa 8.00–13.45 Uhr, 1 Stunde freies Schwimmen 3,40 €, Straßenbahn 4, 6 Tarongers, Bus 93, 98 Tarongers–Facultat d'Economia

escape the
busy city
PASEOS
EN
BARCA

D

D

Ⓓ Der **Bioparc** ist nicht einfach nur ein Zoo, sondern ein Stück Afrika mitten in Valencia. Die Tiere bewegen sich hier frei in ihrem nachempfundenen Lebensraum. Du siehst weder Zäune noch Käfige, die Tiere sind von den Besuchern durch natürliche Abschirmungen wie große Felsen und Wasser getrennt. Und es gibt einen Garten mit Äffchen, durch den du spazieren kannst. Der Bioparc liegt im Túria-Park und ist gut mit öffentlichen Verkehrsmitteln erreichbar.
Avenida Pío Baroja 3, www.bioparcvalencia.es, tgl. ab 10.00 Uhr, Schließungszeit siehe Website, Eintritt 23,80 €, Metro 3, 5, 9 Nou d'Octubre, Bus 98, 99 Bioparc

Ⓔ Im von Félix Candela entworfenen **L'Oceanogràfic** kannst du über 45 000 Meerestiere bewundern, darunter Haie, weiße Wale, Walrösser, Pinguine, Seelöwen und viele Fische in wunderbaren Farben. Es ist das größte Aquarium Europas. In einem 70 Meter langen Glastunnel läufst du unter Haien und Rochen hindurch. Etwas ganz Besonderes ist das Unterwasserrestaurant **Submarino L'Oceanogràfic.** Das Aquarium ist Teil der Ciutat de les Arts i les Ciènces.
Tipp: Kauf deine Tickets im Voraus, um Wartezeiten zu vermeiden.
Calle Eduardo Primo Yúfera 1, www.oceanografic.org, tgl. ab 10.00 Uhr, Schließungszeit siehe Website, Eintritt 31,90 €, Bus 15, 95 l'Oceanogràfic

Ⓕ Geh vom Hafen Valencia ungefähr 6 bis 7 Kilometer an der Küste Richtung Norden zum nächsten Ort, **Port Saplaya**. Hier gibt es einen kleinen Binnenhafen, gesäumt mit bunten Häuschen. Nach dem langen Strandspaziergang kannst du dich hier mit einem Eis belohnen. Oder du isst im **Club Náutico** im Jachthafen leckere Tapas.
Port Saplaya, Bus 112 Port Saplaya

Ⓖ Direkt vor der Stadt liegt der Ort **Manises** mit dem Flughafen von Valencia. Er ist bekannt für Keramik, die hier in Ehren gehalten wird. Du kannst an Töpfer-Workshops teilnehmen, die Keramiksammlung im **Museo de Cerámica de Manises** besichtigen und es gibt verschiedene hübsche Läden, in denen du die Keramiken kaufen kannst. Die Fassaden der Häuser sind mit dem Stolz des Orts verkleidet. Neugierig, wie die Keramik hergestellt wird, oder möchtest du es selbst einmal ausprobieren? Dann schau bei **La Cerámica Velanciana** (www.lcvgimeno.es) vorbei.
Manises, www.manises.es, Metro 3, 5, 9 Manises, Bus 150 Casa Cultura

Ⓗ Der Naturpark **Albufera** liegt im Süden Valencias. Er besteht aus einem großen Süßwassersee, umgeben von morastigem Boden. Die Landwirte nutzen dieses Gebiet, um den Reis für die Paella anzubauen. Mit Rad oder Bus ist der Park gut erreichbar. Du kannst eine Tour mit einem Fischerboot unternehmen, um die vielen Vögel aus der Nähe zu beobachten. Die weißen Häuschen mit den Reetdächern werden *barracas* genannt. Im Dorf **El Palmar** kannst du fantastische Paella essen. Versuch einmal die *paella all i pebre* (Paella mit Aal, Knoblauch und Pfeffer).

Zwischen Pinedo und El Pelleronet, www.albuferaparc.com, Bus 24 Vicent Baldoví–Novelda

Ⓘ Der Ort **Requena** ist von Weingärten umgeben. Hierher kommen die besten Weine aus dem Anbaugebiet um Valencia. Der Ort liegt 70 Kilometer von Valencia entfernt und ist mit Zug und Auto gut erreichbar. Im lebendigen Zentrum gibt es verschiedene *bodegas*, in denen du sehr gut essen und natürlich den Wein probieren kannst. Empfehlenswert sind **Chozas Carrascal** und **Pago de Tharsys.**

Requena, www.requena.es, Zug Requena

REGISTER

SEHENSWÜRDIGKEITEN

Almoina, L' 25
Assut de l'Or 64
Ayuntamiento 22
Baños del Almirante 118
Biblioteca Pública de Valencia 105
Camí de Vera 82
Casa Museu Benlliure 26
Casas del Cabanyal 65
Catedral de Valencia 22
Centro del Carmen 26
Chinatown 102
Correos 22
Estación Joaquín Sorolla Ave 102
Estación del Norte 102
Estrecha, La 22
Finca Roja 105
Fundación Bancaja 42
Hemisfèric, L' 62
Iber Museo de los Soldaditos de Plomo, L' 25
IVAM 106
Jardínes de Antiguo Hospital 105
Lonja, La 25
Museo de Bellas Artes de Valencia 82
Museo de Cerámica de Manises 121
Museo de Historia de Valencia 14
Museo de las Ciencias 64
Museo Fallero 62
Museu Valencià d'Etnologia 106
MuVIM 105
Nau, La 42
Palacio de Congresos 118
Palacio del Marqués de dos Aguas 42
Palau de la Música 62
Palau de les Arts Reina Sofía 62
Patriarca, El 42
Plaza Redonda 22
Plaza de Toros 102
Street-Art auf dem Campus 82
Torres de Quart 106
Torres de Serranos 25
Universitat Politècnica de València 82
Veles e Vents 64

ESSEN & TRINKEN

Aduana, La 66
Albereda Taberna, L' 82
Almalibre Açaí House 33
Ambra Poble-Bar 86
Amor Amargo 46
Bar Almudin 29
Bar Negrito 16
Bar Ricardo 110
Bar Vermúdez 45
Barcode 16
Bastard Coffee & Kitchen 89
Blackbird Café 46
Bluebell Coffee 45
Bocalinda 90
Bodega Anyora 69
Bodega La Pascuala 70
Bodega LaPeseta El Grao Valencia 66
Bodeguilla del Gato, La 30
Ca la Mar 68
Café de las Horas 30
Canalla Bistro 49
Canela 110
Casa el Famós 90
Casa Guillermo 69
Casa Montaña 69
Chozas Carrascal 122
Civera 26
Club Náutico 121
Colmado, El 86
Contrapunto les Arts 65
Cooperativa del Mar, La 46
Copenhagen 46
Delicat 29
Dulce de Leche 109
Federal 27
Flamenca, La 50
Flying Bean Coffee 108
Gaspar 50
Gastrónomo, El 84
Gazzana, La 85
Giardino del Carmen 110
Girafe, La 70
Hechizos de Morgana 89
Heladerías Llinares 29
Horchateria Els Sariers 85

Horchatería Santa Catalina 29
Jamón Jamón 30
Kaf Café 85
Kreas 65
Lambrusquería 49
Lateral Patriarca 50
Líndala Restobar 69
Lotelito 26
Ma Khin Café 15
Marina Beach Club 66
Más Bonita, La 70
Mercabanyal 70
Mercatbar 49
Min Dou 108
Murciana, La 17
Murta Vins I Tapes, La 86
Navarro 15
Obrador, L' 85
Oganyo 88
Ola Fresca, La 86
Olhöps Craft Beer House 45
Pago de Tharsys 122
Panorama 15
Pelayo Gastro Trinquet 106
Pepica, La 66
Pentola, La 88
Pérgola, La 82
Pica'p 109
Pilareta, La 33
Pomodoro, Al 50
Portland Ale House 16
Restaurante Balansiya 89
Restaurante Camaléon 109
Riff 49
Rodamón, El 45
Sagardi 27
Salita, La 48
Solito Posto, Al 65
Spicy Soul Hot Pot 109
Submarino L'Oceanogràfic 121
Taberna Paraiso Travel 110
Tanto Monta 89
Taqueria La Llorona 40
Thai Mongkut 33
Tora Taberna Japonesa 49
Tyris On Tap 30

SHOPPEN

@Typical Valencia 37
Borumballes, Les 73
Bugalú 34
Capra Records 90
Casa de los Falleros, La 113
Cervezas Artesanas 93
Comanda, La 93
Copernia 34
Dino Vintage 113
Estudio 64 + Librería + Ilustración 90
Gnomo 53
Gondwana Surf Shop 53
Hiper Asia 112
Kowalski Bellas Artes 54
Lacontra 53
Let's Sweet 34
Madame Bugalú 34
Megastore Valencia c.f. 33
Óptica Meseguer 73
Place Shopping Center & Co 54
Poppyns 54
Postalera, La 34
Re-Read Librería Lowcost 112
Sendra 53
Simple 34
Tienda de GEMMA, La 73

FREIZEITTIPPS

Albufera 122
Balneario La Alameda 93
Balneario Las Arenas 74
Barbaman 97
Batisfera Librería, La 77
Bioparc 121
Blasco Ibáñez 94
Café del Duende 114
Cerámica Valencia, La 121
Centro Deportivo y Cultural Abastos 114
Colegio del Arte Mayor de la Seda 114
Fábrica de Huellas, La 117
Fábrica de Hielo, La 77
Fitin Valencia 74
Glorieta, La 57
Huerta, La 97
Jardines de Monforte 93
Jardines del Real 94
Jardí Botànic 117
Jardín del Túria 73
Jimmy Glass 16
Manises 121
Mercado Cabanyal 74
Mercado Central de Valencia 37
Mercado Colón 57
Mercado Mossén Sorell 37

Mercado de Ruzafa 57
Mercado de Tapinería 37
Mestalla 94
Mundo Marino 74
Museo Taurino 113
Naves, Las 74
Oceanogràfic, L' 121
Palmar, El 122
Parque Gulliver 73
Paseando por los Poblados de la Mar 77
Port Saplaya 121
Piscina UPV 118
Plaza Honduras 97
Radio City 114
Rastro de Valencia 17
Requena 122
Surf las Arenas 77
Teatro Círculo 94
Tulsa Café 94
Ubik Café 54
Valencia Bikes 117
Voltereta Manhattan 57
wayCO Abastos 113
Xtra Lrge Playground 16

VERKEHR

Aerobús 10
Bus 11
Fahrrad 11
Flughafen 10
Metro 11
Straßenbahn 11
Taxi 11
Valenbisi 12

IN GLEICHER REIHE

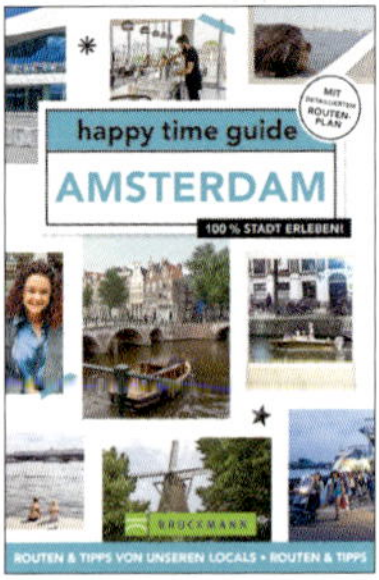

ISBN 978-3-7343-2021-7

ISBN 978-3-7343-2583-0

ISBN 978-3-7343-1878-8

ISBN 978-3-7343-2582-3

Happy time guide – mehr als ein Reiseführer!

Der happy time guide nimmt dich mit auf unterschiedliche Spaziergänge, auf denen du die Stadt in deinem eigenen Tempo entdeckst und den Lebensstil der Locals kennenlernst. Und das alles, ohne dich vorbereiten zu müssen! Alle Adressen sind persönliche Empfehlungen der Autoren, die in der Stadt leben. Mit inspirierenden Bildern und praktischen Ausklappkarten.

BRUCKMANN

www.bruckmann.de

ERSCHIENEN

ISBN 978-3-7343-2581-6

ISBN 978-3-7343-2576-2

ISBN 978-3-7343-2580-9

ISBN 978-3-7343-2579-3

ISBN 978-3-7343-2578-6

ISBN 978-3-7343-2577-9

IMPRESSUM

This edition is published by Bruckmann Verlag GmbH
in cooperation with »time to momo«.
Autorin: Fleur van de Put
Fotos: David in den Bosch, Vincent van den Hoogen
Layout: Studio 100%, Oranje Vormgevers
Kartografie: Van Oort redactie en kartografie
Bildredaktion: Laurence Harms

DEUTSCHE AUSGABE

Verantwortlich: Claudia Hohdorf
Übersetzung: Elke Adams
Redaktion: Susanne Maute
Korrektorat: Simona Fois
Satz: mcp concept GmbH
Repro: LUDWIG:media
Herstellung: Alexander Knoll
Printed in Slovenia by Florjancic

ISBN 978-3-7343-1999-0

★★★★★

Sind Sie mit diesem Titel zufrieden? Dann würden wir uns über Ihre Weiterempfehlung freuen. Erzählen Sie es im Freundeskreis, berichten Sie Ihrem Buchhändler, oder bewerten Sie bei Onlinekauf. Und wenn Sie Kritik, Korrekturen, Aktualisierungen haben, freuen wir uns über Ihre Nachricht an Bruckmann Verlag, Postfach 40 02 09, D-80702 München oder per E-Mail an lektorat@verlagshaus.de.

Unser komplettes Programm finden Sie unter www.bruckmann.de

Alle Angaben dieses Werkes wurden von der Autorin sorgfältig recherchiert und auf den neuesten Stand gebracht sowie vom Verlag geprüft. Für die Richtigkeit der Angaben kann jedoch keine Haftung übernommen werden, weshalb die Nutzung auf eigene Gefahr erfolgt. Insbesondere bei GPS-Daten können Abweichungen nicht ausgeschlossen werden. Sollte dieses Werk Links auf Webseiten Dritter enthalten, so machen wir uns die Inhalte nicht zu eigen und übernehmen für die Inhalte keine Haftung.

In diesem Buch wird aus Gründen der besseren Lesbarkeit das generische Maskulinum verwendet. Weibliche und anderweitige Geschlechteridentitäten sind dabei ausdrücklich mitgemeint, soweit es für die Aussage erforderlich ist.

Die Deutsche Nationalbibliothek verzeichnet diese Publikation in der Deutschen Nationalbibliografie; detaillierte bibliografische Daten sind im Internet über http://dnb.d-nb.de abrufbar.

DAS BESTE VON VALENCIA IN 5 ROUTEN

ROUTE 1 > CIUTAT VELLA S. 18

Hier ist das historische Zentrum. An den großen Plätzen liegen restaurierte Kirchen und Paläste. Die schmalen Gassen des Viertels El Carmen sind mit Street-Art verziert.

ROUTE 2 > L'EIXAMPLE S. 38

Viertel voller Abwechslung: Ruzafa ist trendy, Canovas etwas chicker, Colón die Shoppingmeile und in Alameda kannst du wunderbar im Freien unter Palmen speisen.

ROUTE 3 > CIUTAT DE LES ARTS I LES CIÈNCIES & POBLATS MARÍTIMS S. 58

An einer Seite findest du die moderne Architektur von Calatrava und an der anderen Poblats Marítims mit Strand, Hafen und dem authentischen Fischerdorf El Cabanyal.

ROUTE 4 > BENIMACLET & UNIVERSITAT S. 78

Die Straßen von Benimaclet haben noch dörflichen Charakter. Das Viertel ist besonders am Abend und nachts wegen der Studierenden lebendig, die tagsüber an der benachbarten Universität ihre Vorlesungen besuchen.

ROUTE 5 > EXTRAMURS S. 98

Dieses Arbeiterviertel grenzt an das historische Zentrum. Hier liegen das quirlige Chinatown von Valencia und die geselligen Bürgerviertel Arrancapins und La Petxina.

HAPPY TIME GUIDE VALENCIA

Raus aus dem Hotel und direkt los in die schönsten Ecken der Stadt! Unterwegs zu neuen Restaurants, dem besten Kaffee und lokal gebrautem Bier. Im **happy time guide** teilen unsere lokalen Autoren aus Liebe zu ihrer Stadt echte Highlights mit dir. So überspringst du die überfüllten Nullachtfünfzehn-Shoppingmeilen und findest während des Spaziergangs entlang von Sehenswürdigkeiten die schönsten Adressen, die bei den Einheimischen angesagt sind. Genieß jede Sekunde und hol aus deinem Städtetrip alles heraus!

AUF NACH VALENCIA!

Du wirst Valencia entdecken! Die schöne Stadt an der Küste mit einem tollen Mix aus historischen Gebäuden und moderner Architektur. Mit 300 Sonnentagen im Jahr kannst du das städtische Leben hier eigentlich immer im Freien genießen. Iss eine üppige Paella zu Mittag auf der Terrasse und trink ein sonniges *agua de Valencia* auf einem der vielen Plätze der Stadt. Besuch die römischen Ausgrabungen oder die modernen Gebäude des Komplexes Ciutat de les Arts i les Ciències. Radel zum Hafen oder Strand und lass den Tag mit den Füßen im Sand ausklingen. Jedes Viertel von Valencia hat seine reizvollen Seiten. Wir zeigen dir, welche.

Der **happy time guide** zeigt dir tolle Routen, damit du die Stadt in deinem Tempo entdecken und den lokalen Lifestyle erleben kannst. Ohne dass du etwas vorbereiten musst. Wir führen dich auf unseren Routen zu den besten Restaurants, Cafés, Museen, Galerien, Läden und Sehenswürdigkeiten – zu den Orten unserer Stadt, die wir selber lieben und an denen wir gern Zeit verbringen. Vielleicht begegnen wir uns sogar!

Keine der Adressen, die wir beschreiben, hat für die Erwähnung bezahlt, weder für Text noch für Fotos. Sämtliche Texte wurden von einer unabhängigen Redaktion verfasst.